Der Schweizer Wohnungsmarkt

Eine Auslegeordnung

Der Schweizer Wohnungsmarkt

Eine Auslegeordnung

Frank Bodmer

Pensimo (Hrsg.)

PARK BOOKS

In der vorliegenden Publikation untersucht Frank Bodmer die Struktur und Entwicklung des Schweizer Wohnungsmarktes. Im Vordergrund seiner Arbeit steht eine ökonomische Auslegeordnung. Bodmer sortiert aus, wo die «Baustelle Wohnungsmarkt» funktioniert, wo sie Defizite und Schwächen aufweist und welche Herausforderungen damit verbunden sind.

Die Produktion und Allokation von Wohnraum über den Markt haben in der Schweiz eine lange Tradition. Effiziente regionale Märkte sind massgebliche gesellschaftliche und volkswirtschaftliche Pfeiler: Sie tragen dazu bei, eine gute Versorgung mit Wohnraum für breite Bevölkerungsgruppen sicherzustellen; sie unterstützen zudem die Mobilität der Arbeitskräfte und die Wirtschaftsentwicklung.

Im internationalen Vergleich gilt der Schweizer Wohnungsmarkt als gut funktionierend – trotz oder vielleicht gerade wegen der weltweit tiefsten Wohneigentumsquote. Allerdings nicht unbedingt dort, wo das kantonale Recht vorschreibt, dass Mieten nach der Sanierung von Wohnraum amtlich kontrolliert werden, nachdem sie zuvor im Rahmen des Baubewilligungsverfahrens behördlich fixiert worden sind.

Gemäss Umfragen sind rund drei Viertel der Wohnungsmietenden zufrieden oder sehr zufrieden mit ihrer Wohnsituation. Dies ist u. a. auch ein gutes Attest für institutionelle Anleger wie Anlagestiftungen oder Pensionskassen, die meist qualitativ gute Mietwohnungen zu fairen Preisen anbieten – und gleichzeitig zur Sicherung der Altersvorsorge beitragen. Allerdings dürfte deren Investitionsneigung in den Immobiliensektor in den kommenden Jahren aufgrund steigender Zinsen eher abnehmen, zugunsten von Investitionen in Nominalwerte. Wenn weniger Kapital in den Immobilienmarkt fliesst, könnte dies einerseits den bestehenden Sanierungsstau des Schweizer Gebäudeparks in Richtung Netto-Null verstärken, andererseits angebotsseitig zu einer Verringerung der Wohnungsproduktion und damit zu höherer Wohnungsknappheit in den nachfragestarken Agglomerationen führen, wo aktuell noch zu wenig stark verdichtet wird.

Der Wohnungsmarkt ist ein komplexes Gebilde, das stark von nachfrage- und angebotsseitigen Faktoren geprägt ist. Dabei manifestieren sich diverse Abhängigkeiten, Widersprüchlichkeiten wie auch Marktverzerrungen. Zudem wird der Mechanismus des Wohnungsmarktes in nicht unerheblichem Masse durch politische Verteilkämpfe und ideologische Wohnraumpolitik von Mietern und Eigentümern geprägt. Der Wohnungsmarkt ist heute mehr denn je umstritten, wie auch der Bodenmarkt.

Frank Bodmer unternimmt mit seinen Lektionen in elf Kapiteln eine «Spurensuche» aus einer wirtschaftswissenschaftlichen Perspektive, ohne den sozialen Blickwinkel und das gesellschaftliche Konfliktpotenzial zu vernachlässigen. Um das Buch einem breiten Leserkreis zugänglich zu machen, ist die Einführung in den Schweizer Wohnungsmarkt didaktisch aufgebaut und gut verständlich geschrieben. Sie stützt sich dabei auf das renommierte mikroökonomische Modell kausaler, raumwirksamer Zusammenhänge von Denise DiPasquale und William C. Wheaton.

Pensimo Management AG
Michel Schneider

Umstrittener Wohnungsmarkt 1

Noch im Jahr 2022 befand sich der schweizerische Wohnungsmarkt in einer Boomphase, die zwanzig Jahre dauerte. Der Boom war von steigenden Preisen und einem starken Anstieg des Angebots gekennzeichnet und widerstand schweren wirtschaftlichen Krisen wie der Finanzkrise von 2008 oder der Coronakrise von 2020. Verantwortlich für den Preisanstieg waren neben einem insgesamt soliden Wachstum von Wirtschaft und Bevölkerung vor allem die tiefen Zinsen. Diese senkten die Finanzierungskosten für Eigenheimbesitzer[1], machten Immobilienanlagen für Investoren sehr attraktiv und beflügelten so die Ausweitung des Angebots. Hohe Inflationsraten haben die Zentralbanken im Laufe des Jahres 2022 aber dazu veranlasst, die Zinsen zu erhöhen, weitere Erhöhungen dürften folgen. Steigende Zinsen und ein schwächeres wirtschaftliches Wachstum könnten einen Preisrückgang am Wohnungsmarkt und eine Reduktion der Neubautätigkeit auslösen. Zu Beginn des Jahres 2023 bestehen erste Anzeichen für eine solche Abkühlung, wobei allerdings auch eine weitere Verlängerung des Booms als möglich erscheint.

Im Vergleich zu früheren Boomphasen kann die Lage am Mietwohnungsmarkt dagegen nach wie vor als entspannt bezeichnet werden. Die durchschnittlichen Mieten sind zwar ebenfalls gestiegen. Die Zahl der freien Wohnungen ist aufgrund der Zunahme des Angebots insgesamt aber hoch geblieben, auch wenn sie in den letzten beiden Jahren deutlich gesunken ist. Es kann damit nach wie vor nicht von Wohnungsnot gesprochen werden. Von einer Entwicklung wie Ende der 1980er-Jahre, mit stark gestiegenen Mieten und sehr tiefen Leerstandsquoten, war der schweizerische Wohnungsmarkt im Jahre 2022 also weit entfernt.

1 Es wird der generische Maskulin verwendet, gemeint sind immer alle Geschlechter.

Eine Ausnahme bildet die Situation in den grossen Städten. Hier haben die hohe Nachfrage und das knappe Angebot zu einem starken Anstieg von Mieten und Preisen geführt. Eine günstige Wohnung zu finden ist für Familien mit Kindern und für Haushalte mit tiefen Einkommen vielerorts sehr schwierig geworden. Auch für Haushalte mit höheren Einkommen, die Wohneigentum erwerben wollen, liegen die Preise inzwischen auf einem unerschwinglichen Niveau. Deshalb sahen sich in den letzten Jahren viele dazu veranlasst, die Städte zu verlassen und in die Agglomerationen oder in ländliche Gebiete zu ziehen. Das trug zur Zersiedlung und zu einem weiteren Verlust an Kulturland bei, der auf breiten politischen Widerstand stösst. Eine verdichtete Bauweise wäre die Alternative zu einer weiteren Ausdehnung der bebauten Fläche. Wie diese Verdichtung in der Praxis erreicht werden könnte, ohne noch stärker steigende Preise zu provozieren und ohne die Funktionsweise des schweizerischen Wohnungsmarktes grundlegend zu stören, ist allerdings nicht klar.

Der schweizerische Wohnungsmarkt steht damit vor einer Reihe fundamentaler Herausforderungen. Zu Beginn des Jahres 2023 bedrohen steigende Zinsen das Preisniveau, mit Risiken für Eigentümer, Investoren und Banken. Die Neubautätigkeit könnte gedrosselt werden, mit einer Abnahme des Angebots als Folge. Politische Vorstösse könnten diese Angebotsreduktion noch verschärfen, sei es über ein strengeres Mietrecht, sei es über eine Verknappung des Baulandes. Das wäre nicht zuletzt deshalb problematisch, weil die Schweizer Bevölkerung in den nächsten Jahrzehnten weiterhin kräftig zunehmen dürfte. Eine ausreichende Versorgung der wachsenden Bevölkerung mit bezahlbarem Wohnraum muss ein zentrales Gebot für die schweizerische Politik sein.

Steigende Preise

Tiefe Zinsen und hohe Renditen lockten in den letzten Jahren viel neues Geld in den Immobilienmarkt. Insbesondere Versicherungen, Immobiliengesellschaften, Pensionskassen und Anlagestiftungen haben Wohnimmobilien gekauft, in Erwartung von attraktiven Mieterträgen und weiteren Preissteigerungen. Das ging mit einer soliden Bautätigkeit und einer kräftigen Ausweitung des Angebots einher. Als Folge stieg der Bestand an Mietwohnungen in einzelnen Regionen so stark an, dass die Leerstände ein für Boomphasen unüblich hohes Niveau erreichten.

Die rekordtiefen Zinsen würden es im Prinzip auch vielen Privatpersonen ermöglichen, Immobilien zu erwerben. Dem stehen allerdings strenge Vorschriften bei der Vergabe von Hypotheken im Weg. Um die finanziellen Risiken für Haushalte und Banken zu reduzieren, wird von den Schuldnern relativ viel Eigenkapital und die Fähigkeit erwartet, die Hypothek auch bei einem deutlichen Zinsanstieg noch bedienen zu können. Anstelle eines Hypothekarzinssatzes von rund 1%, wie er lange üblich war, müssen die Käufer in der Lage sein, einen hypothetischen Zins von 4,5% bis 5% zu bezahlen. Dazu kommen noch 1% Unterhaltskosten plus 1% Amortisation der zweiten Hypothek. Bei einem Preis von einer Million Franken, wie er für neue Eigentumswohnungen und Häuser inzwischen gang und gäbe ist, wäre ein Einkommen von über

150 000 Franken nötig – ein Einkommensniveau, das nur rund ein Viertel der Schweizer Haushalte erreicht.

Aufgrund der steigenden Preise konnten sich deshalb viele Haushalte kein Wohneigentum mehr leisten. Der seit 2015 verzeichnete Rückgang der Wohneigentumsquote hat die Politik aufgeschreckt. Politische Vorstösse versuchen, Wohneigentum zu fördern, vor allem über steuerliche Erleichterungen wie eine Elimination des Eigenmietwerts. Solche Vorschläge ändern am grundlegenden Problem – der fehlenden Tragbarkeit – allerdings nichts. Für die Förderung des Eigentums zielführender wären Änderungen, welche die Anforderungen an das Eigenkapital reduzieren, was aber mit neuen Risiken verbunden wäre. Es stellt sich die Frage, ob der Erwerb von Wohneigentum zu aktuellen Preisen überhaupt staatlich gefördert werden sollte. Immerhin riskieren Haushalte, die zu hohen Preisen kaufen, bei einer Preiskorrektur grosse finanzielle Verluste. Tiefere Preise würden das Tragbarkeitsproblem dagegen auf nachhaltigere Art und Weise lösen.

Steigende Mieten

Trotz rekordtiefen Zinsen und hohen Leerstandsquoten sind die durchschnittlichen Mieten in den letzten Jahren weiter gestiegen. Auf Basis der Kostenformel im schweizerischen Mietrecht hätten die sinkenden Zinsen eigentlich zu sinkenden Mieten führen sollen. Dass dies nicht geschah, ist der Mieterseite ein Dorn im Auge. Den Vermietern wird vorgeworfen, mit Mietobjekten ungerechtfertigt hohe Renditen zu erzielen. Effektiv waren die letzten zwanzig Jahre für die Eigentümer von Immobilien sehr gute Jahre. Diesen guten Jahren gingen allerdings zehn sehr schlechte Jahre voraus, beginnend mit dem Immobiliencrash der frühen 1990er-Jahre. Auch heute ist ein Markteinbruch möglich, womit die hohe Rendite (der Vergangenheit) das eingegangene Risiko kompensieren würde.

Aus einer hohen Rendite allein folgt zudem noch nicht, dass die Mieten überhöht sind. Legt man den Berechnungen Einstandspreise zugrunde, ist das zwar oft der Fall. Insbesondere bei Immobilien, die sich lange in gleicher Hand befanden, liegt eine auf Einstandspreisen basierende Kostenmiete weit unter dem aktuellen Marktniveau. In einem freien Markt sollten Preise und Mieten aber nicht die Kosten, sondern die Knappheit eines Gutes reflektieren. Werden die Mieten staatlich tief gehalten, drohen eine Reduktion des Angebots und eine Erhöhung der Nachfrage. Der resultierende Mangel an Wohnraum ist ein typisches Merkmal von streng regulierten Mietwohnungsmärkten.

Die steigenden Mieten stellen insbesondere in den Städten für Haushalte mit tiefen Einkommen und für Familien mit Kindern ein Problem dar. In einigen Städten wie in Zürich besteht zwar ein grosses staatliches und genossenschaftliches Angebot, das Wohnungen deutlich unter dem Marktniveau anbietet. Dieses Angebot ist allerdings begrenzt und kommt nicht immer denjenigen Haushalten zugute, die es am nötigsten hätten.

Im langfristigen Trend wurden Immobilien in der Schweiz immer teurer. Das hat vor allem mit der Knappheit des Bodens zu tun. Mit dem Wachstum von Wirtschaft und Bevölkerung steigt der Bedarf an Wohn-, Gewerbe- und Infrastrukturflächen. Während die Kosten von Gebäuden und der Innenausstattung mehr oder weniger mit der allgemeinen Teuerung steigen, wird der Boden knapper und damit im Vergleich zu anderen Gütern teurer. Steigende Preise und Mieten stellen ein wichtiges Signal für die Marktteilnehmer dar und tragen in der Regel dazu bei, den Flächenbedarf einzuschränken. In den letzten zwanzig Jahren stieg die durchschnittliche Wohnfläche pro Person aber trotz steigender Preise und Mieten weiter an, vor allem als Folge der steigenden Einkommen.

Mit einer Verdichtung des Bauens, wie sie auch vom Bund im Rahmen der Raumplanungsgesetzgebung gefordert wird, könnten die Auswirkungen des Bevölkerungswachstums auf den Bodenverbrauch gemildert werden. Verdichtung wird durch die hohen Bodenpreise begünstigt. In der Praxis bestehen allerdings erhebliche Hindernisse. Weniger Abstand oder mehr Geschosse können subjektiv zu einer Minderung des Wohnkomforts führen. Verdichtung stösst deshalb oft auf lokalen Widerstand. Es wird befürchtet, dass das Ortsbild oder die Attraktivität eines Quartiers leiden oder dass einkommensschwache Haushalte angezogen werden. Verdichtung findet zwar statt, allerdings nicht in einem Ausmass, das einen weiteren Verlust an Kulturland verhindern könnte.

Steigende Bodenpreise stellen zudem eine zweischneidige Sache dar. Sie sind einerseits ein wichtiger Mechanismus, um der Bodenknappheit zu begegnen. Andererseits veranlassen höhere Preise viele Haushalte, die Zentren zu verlassen, was dem grundlegenden Ziel eines Stopps der Zersiedlung zuwiderläuft; und politisch stossen höhere Preise insbesondere dann auf erheblichen Widerstand, wenn sie mit höheren Mieten einhergehen. Dies zeigt die aktuelle Diskussion um überhöhte Mietzinse auf exemplarische Art und Weise.

Oft zu hören ist deshalb der Ruf nach staatlichen oder staatlich geförderten Bauprojekten, die aufgrund der impliziten oder expliziten Subventionierung nach anderen Kriterien durchgeführt werden können. Ein solcher staatlich gesteuerter Wohnungsbau ist in der Schweiz in grossem Stil allerdings kaum vorstellbar und wäre mit neuen Verwerfungen verbunden, wie nicht zuletzt die Probleme bei der Allokation von Wohnungen in Städten wie Zürich oder Genf zeigen.

Herausforderungen für die Politik

In den letzten Jahren trugen die tiefen Zinsen zu einer Entschärfung des Problems der steigenden Mieten bei. Neben der Mietzinsregulierung half insbesondere der Ausbau des Angebots, die Mietzinserhöhungen in Grenzen zu halten. Dies hebt sich positiv von der Situation in der Boomphase der 1980er-Jahre ab, als das Angebot an Wohnungen sehr knapp war und die Mieten stark stiegen. Angesichts des kräftigen Bevölkerungswachstums der letzten zwanzig Jahre ist dies erfreulich. Laut Bevölkerungsszenarien wird dieses Wachstum in den nächsten dreissig Jahren anhalten. Bis 2050 benötigen laut dem Basisszenario des Bundes rund 1,8 Millionen zusätzliche Einwohner eine Wohnung.

Bereits ein deutlicher Zinsanstieg könnte das Angebotswachstum bedrohen. Höhere Zinsen würden nicht nur den Eigentumsmarkt unter Druck setzen, sie könnten mit dem Ende von Anlagenotstand und steigenden Preisen auch den Anreiz für Investoren mindern, zusätzliche Mietwohnungen bereitzustellen.

Die Mietzinsregulierung stellt eine weitere Gefahr für den Mietwohnungsmarkt dar. Sie weist ein unbequemes Nebeneinander von Markt- und Kostenelementen auf. In der Praxis war bisher mittel- bis langfristig eine Anpassung der Mieten an das Marktniveau möglich. Eine Stärkung der Kostenelemente würde diese Anpassung in Frage stellen. Mieten, die durch die Regulierung deutlich unter das Marktniveau gedrückt werden, könnten den Neubau und die Instandhaltung von Mietwohnungen empfindlich treffen.

Ob das Angebot in Zukunft weiter mit der Nachfrage Schritt halten kann, hängt ausserdem von der Raumplanung ab. Der Ausbau des Angebots ging bisher mit einer Ausweitung der Bodennutzung für Wohnbedarf und Verkehrsinfrastruktur einher, auf Kosten der landwirtschaftlichen Nutzung. Der Druck ist gross, diesen Verlust an landwirtschaftlichem Boden zu stoppen. Damit besteht aber die Gefahr, dass der schweizerische Wohnungsmarkt gewissermassen auf den Kopf gestellt wird. An die Stelle eines ausreichenden Angebots bei moderat steigenden Preisen und Mieten könnte eine Knappheit des Angebots bei deutlich steigenden Preisen und Mieten treten. Die Entwicklung in Ländern wie Grossbritannien zeigt die möglichen negativen Konsequenzen eines solchen Strategiewechsels.[2]

Eine einfache volkswirtschaftliche Analyse

Der Fokus der folgenden Analyse liegt auf den grundlegenden volkswirtschaftlichen Zusammenhängen. Es soll analysiert werden, welche Faktoren das Angebot und die Nachfrage bestimmen, was die daraus folgenden Resultate für Preise und Mieten sind und welchen Einfluss die verschiedenen Formen staatlicher Regulierung haben.[3] Nicht berücksichtigt werden dagegen die Zusammensetzung der Immobilienbranche oder ihre volkswirtschaftliche Bedeutung.[4]

Die verschiedenen Fragen lassen sich in einem einfachen und einheitlichen methodischen Rahmen analysieren. Den Immobilienmarkt unterscheiden zwei zentrale Eigenheiten von anderen Märkten. Die erste Eigenheit ist die Bedeutung des Bodens als eines nicht vermehrbaren Gutes, das die Ausweitung des Angebots bremst. Die zweite Eigenheit ist die doppelte Funktion von Immobilien: Sie stellen einerseits eine Einkommensquelle für die Eigentümer dar, andererseits

2 Siehe Hilber und Schöni (2016) für einen Vergleich zwischen Grossbritannien und der Schweiz.
3 Verschiedene dieser Themen werden in Baumberger und Bodmer (2016) in verkürzter Form dargestellt.
4 Solche Darstellungen finden sich beispielsweise in Lüthi (2006) oder Staub und Rütter (2014).

generieren sie eine Dienstleistung in Form von Wohnraum. Daraus ergeben sich zwei Märkte, die miteinander verbunden sind, aber sehr unterschiedlich funktionieren. Die beiden Aspekte werden durch das bekannte Modell von Denise DiPasquale und William Wheaton erfasst, das einen Investitions- und einen Nutzungsmarkt unterscheidet.[5] Varianten dieses Modells bilden die Basis für einen Grossteil der Analyse in diesem Buch.

Kapitel 2 beginnt mit einer Übersicht zur Entwicklung der Mengen am Wohnungsmarkt. In der Nachkriegszeit stieg die nachgefragte Menge an Wohnraum sowohl aufgrund des Wachstums der Bevölkerung als auch aufgrund einer höheren Nachfrage nach Wohnraum pro Person stark an. Beide Trends halten an, obwohl sich das Wachstum der Nachfrage nach Wohnraum pro Person deutlich verlangsamt hat. Verbunden mit der höheren Nachfrage nach Wohnraum ist das Wachstum des für Wohnzwecke genutzten Bodens. Anhand einer kurzen Analyse des Bodenmarktes werden die Konsequenzen eines begrenzten Angebots an Bauland dargestellt. S.17

Kapitel 3 führt einfache Modelle des Wohnungsmarktes ein, darunter das DiPasquale-Wheaton-Modell. Zentral für Immobilienmärkte ist die Unterscheidung von Investitions- und von Nutzungsmärkten, die eine simultane Bestimmung von Mieten und Immobilienpreisen erlauben. S.29

Kapitel 4 beschreibt die Entwicklung von Preisen und Mieten in der Schweiz mit Daten, die bis 1900 zurückreichen. Der schweizerische Wohnungsmarkt durchlebte in dieser Zeit verschiedene Zyklen. Die letzten beiden Boomphasen lassen sich anhand des DiPasquale-Wheaton-Modells anschaulich erklären. Während im Boom der 1980er-Jahre das Wachstum von Wirtschaft und Bevölkerung die zentrale Antriebskraft war, sind es beim Boom der 2000er-Jahre die tiefen Zinsen kombiniert mit einem soliden Wachstum der Nachfrage. S.39

Kapitel 5 bis 10 widmen sich einzelnen Bereichen des Wohnungsmarktes, die in der politischen Diskussion eine spezielle Beachtung finden. *Kapitel 5* betrachtet den Mietwohnungsmarkt und die Mietzinsregulierung. Die Mieten stiegen in der Schweiz in den letzten fünfzig Jahren zwar deutlich weniger als die Einkommen. Insbesondere in den letzten zehn Jahren stiegen die Mieten aber stärker, als dies aufgrund einer reinen Kostenmiete gerechtfertigt gewesen wäre. Allerdings sieht das schweizerische Mietrecht keine reine Kostenmiete vor, sondern enthält auch Marktelemente. Daraus resultieren Widersprüche, die zu Unsicherheiten und einer grossen Bedeutung der Gerichtspraxis führen. S.55

Kapitel 6 betrachtet das selbstgenutzte Wohneigentum und dessen Behandlung im Rahmen des Systems der Einkommenssteuern. Die Schweiz hat mit der Besteuerung des Eigenmietwerts bei gleichzeitigem Abzug von Unterhaltskosten und Fremdkapitalzinsen ein im internationalen Vergleich wenig übliches System. Entsprechend gross ist der politische Druck zu einer Abschaffung des Eigenmietwerts. Allerdings wird in der Schweiz Wohneigentum trotz Besteuerung des Eigenmietwerts bereits heute steuerlich begünstigt, und ein Systemwechsel würde die Förderung verstärken. S.69

5 DiPasquale und Wheaton (1992, 1996).

Kapitel 7 befasst sich mit dem gemeinnützigen Sektor, einem Teilbereich des Mietwohnungsmarktes. Hier gelten strengere Formen der Kostenmiete. Dieser Bereich weist in einigen Städten eine grosse Bedeutung auf und leistet dort einen wichtigen Beitrag zur Bereitstellung von günstigem Wohnraum. Allerdings profitieren von diesem Angebot nicht nur Haushalte, die sich sonst keine Wohnung leisten könnten. Und ob der gemeinnützige Sektor für die Bewältigung der zukünftigen Herausforderungen einen entscheidenden Beitrag leisten kann, wie das von verschiedenen Seiten gehofft wird, ist fraglich. S.81

Kapitel 8 analysiert den Zweitwohnungsmarkt, der einen erheblichen Teil aller Wohnungen umfasst. Die Nachfrage nach Zweitwohnungen betrifft vor allem touristische Regionen abseits der wirtschaftlichen Zentren. Aber auch dort kann diese Nachfrage zu Preis- und Mietzinssteigerungen führen, welche die lokale Bevölkerung bei ihrer Suche nach Wohnraum vor Probleme stellen. Es wird deshalb bereits seit Längerem versucht, die Nachfrage nach Zweitwohnungen zu begrenzen: Mit der Lex Koller wird die Nachfrage von ausländischen Käufern eingeschränkt, und die Zweitwohnungsinitiative führte eine Beschränkung der Zahl der Zweitwohnungen ein. S.89

Kapitel 9 gibt eine kurze Darstellung der Raumplanung und ihrer Rolle bei der Bereitstellung von Bauland. Ein Ziel der Raumplanung ist, den Verbrauch von Kulturland zu reduzieren. Allerdings soll nur wenig in die Autonomie von Kantonen und Gemeinden eingegriffen werden, womit die wichtigsten Entscheide nach wie vor auf lokaler Ebene gefällt werden. Entsprechend viel wird auch weiterhin ausserhalb der städtischen Zentren und ihrer Umgebung gebaut. S.97

Kapitel 10 widmet sich dem Energieverbrauch von Gebäuden. Strengere Vorschriften und höhere Standards bei der Wärmedämmung haben zu einem Rückgang dieses Energieverbrauchs geführt. Der verbleibende Verbrauch wird zunehmend durch erneuerbare Quellen gedeckt, womit das in der Klimastrategie des Bundes bis 2050 vorgesehene Ziel einer Netto-Null als durchaus realistisch erscheint. S.107

Kapitel 11 schliesst mit einer Diskussion der grundlegenden Herausforderungen für die Politik. Die Nachfrage nach Wohnraum wird auch in den nächsten dreissig Jahren weiter steigen. Soll für die erwarteten neuen Einwohner der Schweiz ausreichend Wohnraum zu bezahlbaren Preisen vorhanden sein, muss das zusätzliche Angebot gewährleistet sein. Die Anreize für einen ausreichenden privaten Neubau müssen erhalten bleiben, da ein entsprechendes staatliches oder staatlich gefördertes Angebot weder realistisch noch wünschbar ist. Zunehmende Eingriffe in den Mietwohnungsmarkt und bei der Raumplanung gefährden aber dieses notwendige private Mehrangebot. S.115

Wohnraum und Bodennutzung 2

Wohnen ist ein Gut des Grundbedarfs, alle Menschen benötigen es. Die Zahl der Einwohner eines Landes stellt damit eine erste fundamentale Bestimmungsgrösse der Nachfrage nach Wohnraum dar. Das Einkommen ist die zweite fundamentale Grösse: Menge und Qualität des nachgefragten Wohnraums steigen mit dem Einkommen, in der Regel sogar überproportional. Preise sind eine dritte fundamentale Bestimmungsgrösse. Daneben spielen die Präferenzen und das vorhandene Angebot eine Rolle. Haushalte, die in einer Stadt wohnen möchten, müssen sich normalerweise mit einer kleineren Wohnfläche zufriedengeben als Haushalte auf dem Land. Dafür sorgen nicht zuletzt die in den Zentren höheren Preise und Mieten.

Da mehr Wohnraum in der Regel mit einer erhöhten Bodennutzung verbunden ist, dieser Boden aber nur in begrenzter Menge vorhanden ist, ergibt sich eine zunehmende Knappheit des Bodens. Die Knappheit wird durch eine Umnutzung von landwirtschaftlichem oder gewerblichem Land etwas gemildert. Allerdings ist eine solche Umnutzung mit Kosten verbunden. Zudem sind die verfügbaren Flächen begrenzt und oft nur an Lagen mit sinkender Attraktivität vorhanden. Deshalb ist mit einem im Vergleich zu anderen Gütern steigenden Preis des Bodens zu rechnen. Ein Teil dieser Preisgewinne kommt den Eigentümern des Bodens in Form einer Bodenrente zugute, eines Einkommens ohne Einsatz von Arbeit oder Kapital. Diese Bodenrente hat in der Geschichte immer wieder zu Konflikten geführt und politische Bewegungen motiviert.[6]

Für die Schweiz sind diese Zusammenhänge aufgrund des eng begrenzten Angebots an Boden speziell relevant. Die für Wohnen und Verkehrsinfrastruktur genutzte Fläche erhöhte sich in den letzten

6 Pierre-Joseph Proudhon, Henry George oder Silvio Gesell sind bekannte Bodenreformer. Linklater (2013) gibt eine lesenswerte Übersicht zu diesen historischen Debatten.

Jahrzehnten stark, auf Kosten der landwirtschaftlichen Fläche. Dieses Kapitel widmet sich den langfristigen Trends bei den Mengen an Wohnraum, der Bodenbeanspruchung und der Funktionsweise des Bodenmarktes. Die langfristige Entwicklung der Immobilienpreise und die zyklischen Fluktuationen werden in *Kapitel 4* näher betrachtet.

S.39

Bestand an Wohnungen

Die Schweiz wies 2020 etwa 4,6 Millionen Wohnungen auf, bei einer Bevölkerung von 8,6 Millionen Personen.[7] 1970 waren es noch 2,2 Millionen Wohnungen für 6,2 Millionen Personen.[8] Die Zahl der Wohnungen stieg in diesen fünfzig Jahren damit auf mehr als das Doppelte, die Bevölkerung nahm dagegen um weniger als die Hälfte zu. Während 1970 im Durchschnitt 2,83 Personen auf eine Wohnung entfielen, waren es 2020 nur noch 1,9.

2.1

Nicht alle Wohnungen werden von hier ansässigen Personen und ganzjährig bewohnt, 2020 wurden nur 3,9 Millionen Haushalte gezählt. Die Differenz zwischen Wohnungen und Haushalten betrug damit rund 700 000 Einheiten oder 15 % des Bestandes.[9] Dabei handelt es sich um Zweitwohnungen, an Personen ohne ständigen Wohnsitz vermietete Wohnungen und leerstehende Wohnungen. Der Anteil dieser nicht als Hauptwohnsitz genutzten Wohnungen stieg seit 1970 deutlich an.

Der Gesamtbestand der Wohnungen setzte sich im Jahr 2020 aus rund einer Million Einfamilienhäuser und 3,6 Millionen Wohnungen in Mehrfamilienhäusern und anderen Gebäuden zusammen. Der Anteil der Einfamilienhäuser betrug damit 22 %. 1980 machten die Einfamilienhäuser noch 19,3 % des Bestandes aus und erreichten 2010 mit 24,1 % ihren höchsten Anteil. Nach 2010 war absolut nur noch ein leichtes Wachstum zu verzeichnen. Der Zugang über Neubauten und der Rückgang über Abbruch und Umwandlung in Mehrfamilienhäuser hielten sich fast die Waage.

2.2

Flächenbedarf für das Wohnen

Neben den pro Person vorhandenen Wohneinheiten erhöhte sich in den letzten Jahrzehnten auch die pro Person durchschnittlich beanspruchte Wohnfläche. Sie stieg von knapp 30 m² im Jahr 1980 auf 46,3 m² im Jahr 2020. Nach 2000 verlangsamte sich das Wachstum zwar deutlich, hält aber nach wie vor an. Seit 2020 dürfte die verstärkte Nutzung von Homeoffice zu einer Zunahme des Flächenbedarfs beigetragen haben. Bei dieser Statistik werden nur die 3,9 Millionen

2.3

7 Hier und im Folgenden wird der Begriff «Wohnung» sowohl für Wohnungen in Mehrfamilienhäusern als auch für Einfamilienhäuser verwendet, entsprechend dem Sprachgebrauch in der Statistik des Bundes.

8 Zahlen vor 2010 beruhen auf den Volkszählungen, die alle zehn Jahre durchgeführt wurden. Die Zahlen der fehlenden Jahre wurden interpoliert.

9 Die Zahlen des Bundesamtes für Statistik (BfS) und des Bundesamtes für Wohnungswesen (BWO) zu den vorhandenen Wohnungen können auf einer der beiden Definitionen beruhen. Wohneigentums- und Mieterquoten beziehen sich beispielsweise auf die Zahl der Haushalte, die Leerwohnungsziffern auf die Gesamtzahl der Wohnungen.

2.1 Anzahl Wohnungen und Haushalte, 1970–2021

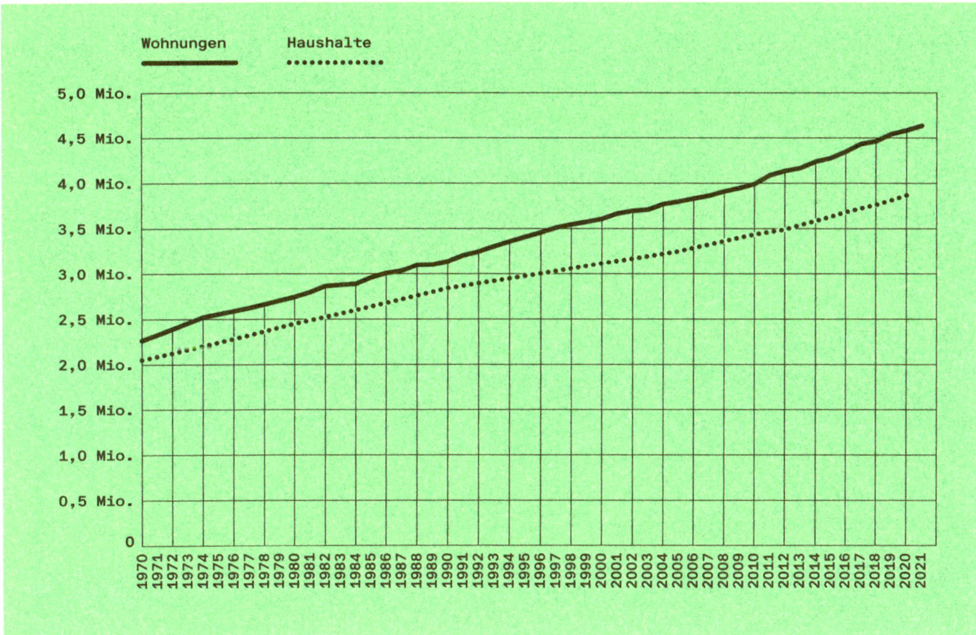

Eigene Berechnungen auf Basis von Daten des BfS

Nur ein Teil der Wohnungen dient als Hauptwohnsitz der in der Schweiz ansässigen Bevölkerung. Rund 15 Prozent der Wohnungen dienen als Zweitwohnsitz, als Wohnsitz von nicht-ansässigen Personen oder für die Beherbergung von Touristen.

2.2 Anzahl Wohnungen nach Art, 1980–2020

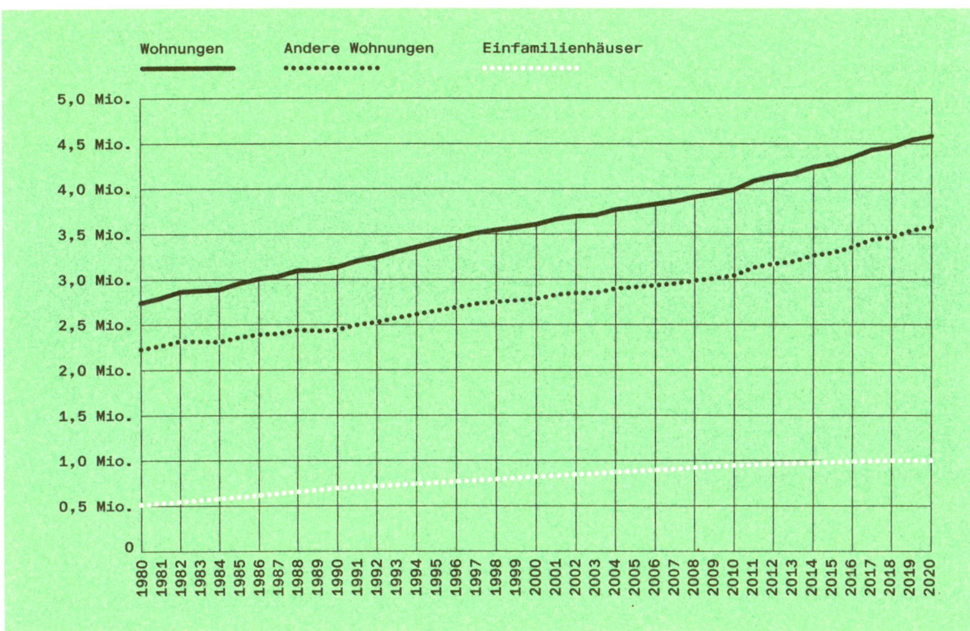

Eigene Berechnungen auf Basis von Daten des BfS

Einfamilienhäuser haben in den letzten zehn Jahren an Bedeutung verloren, eine Folge steigender Immobilienpreise.

2.3 Wohnfläche und Wohnareal pro Einwohner, 1980-2020

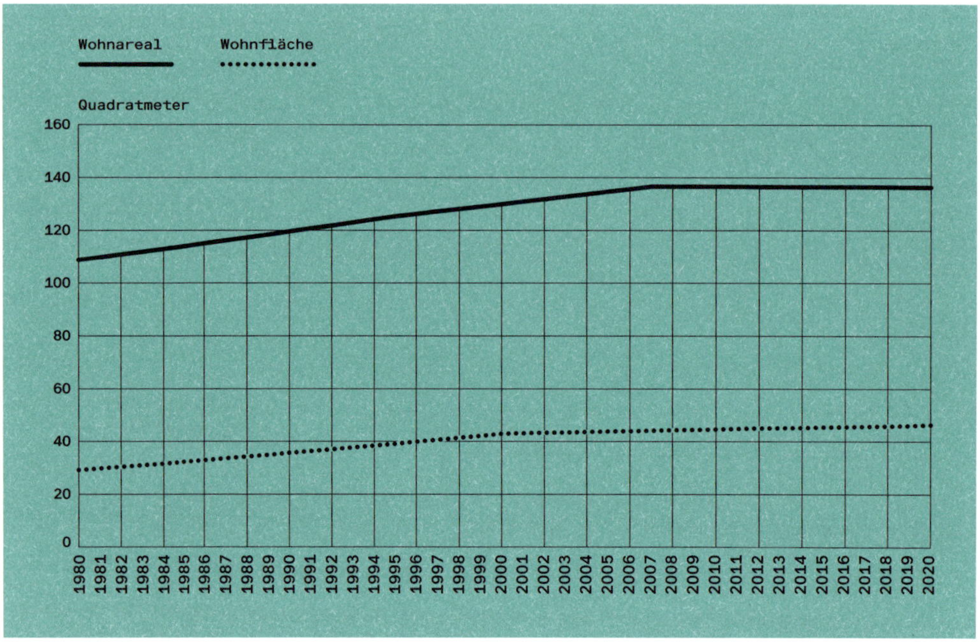

BfS, eigene Berechnungen; siehe Text für Details

Die pro Person durchschnittlich beanspruchte Wohnfläche steigt nach wie vor an und erreichte 2021 46,3 m^2. Noch grösser ist die durchschnittliche Beanspruchung des Bodens (Wohnareal), dies allerdings inklusive Zweit- und anderen nicht als Hauptwohnsitz genutzten Wohnungen. In den letzten zehn Jahren war jedoch kein Wachstum des Bodenverbrauchs pro Kopf für Wohnzwecke mehr zu beobachten.

Hauptwohnungen berücksichtigt, die Wohnfläche für die nicht als Hauptwohnsitz benutzten Wohnungen fehlt dagegen.

Die pro Person für Wohnzwecke beanspruchte Grundstückfläche, das sogenannte Wohnareal, verzeichnete ebenfalls ein kräftiges Wachstum. Die Zahlen zum Wohnareal enthalten die gesamte für Wohnbauten benutzte Fläche, inklusive Umschwung und inklusive der Fläche der nicht als Hauptwohnsitz genutzten Wohnungen. Sie liegen nur für vier Erhebungsperioden vor, die jeweils mehrere Jahre dauerten.[10] Im Folgenden wird das mittlere Jahr jeder Erhebung als Basis verwendet (1982, 1995, 2007 und 2016). Die Zahlen für die Zwischenjahre werden interpoliert, diejenigen für die Endjahre extrapoliert. Zwischen der ersten und der zweiten Erhebung wuchs der Flächenverbrauch pro Kopf um 0,9 % jährlich, zwischen der zweiten und der dritten Erhebung noch um 0,6 %. Zwischen der dritten und der vierten Erhebung kam das Wachstum dann zum Erliegen, mit einem ganz leichten Rückgang von 0,15 % pro Jahr. Sollte dieses leicht negative Wachstum bis 2020 angehalten haben, so läge der aktuelle Flächenverbrauch bei rund 135 m² pro Person.

Flächenbedarf und Wachstum

Die Wohnfläche erhöhte sich seit 1980 nicht nur im Verhältnis zur Bevölkerung, sondern auch im Verhältnis zum Bruttoinlandprodukt (BIP). Am stärksten zugenommen hat die Wohnfläche, gefolgt vom Wohnareal und den Wohneinheiten. Das Wachstum lag bei allen drei Grössen deutlich über demjenigen der Bevölkerung. Im Vergleich zum BIP nahm in diesen vierzig Jahren nur die Wohnfläche stärker zu. 2.4

Die Wohnfläche pro Franken BIP erreichte 2003 einen Höhepunkt und ging nachher bis 2019 zurück. Krisenjahre, wie insbesondere das Jahr 2020, führten aufgrund eines starken Rückgangs des BIP zu einem erneuten Anstieg. Setzt sich der bis 2020 sichtbare Trend in Zukunft fort, so führt das Einkommenswachstum zwar auch weiterhin zu einer Erhöhung der nachgefragten Wohnfläche. Allerdings wird das Wachstum unterproportional sein, mit anderen Worten ist die Einkommenselastizität der Nachfrage nach Wohnfläche kleiner als Eins. 2.5

Bodennutzung

Land ist in der Regel nur in einer bestimmten Menge vorhanden. Ausnahmen bestehen in Ländern mit flachen Küstengebieten, die eingedeicht oder aufgeschüttet werden können. Bekanntestes Beispiel für eine solche Neuschaffung von Land ist Holland, aber auch Hongkong, Singapur oder Dubai nutzen diese Möglichkeit. In der Schweiz stammt neues Bauland dagegen vor allem aus der Umnutzung von landwirtschaftlichem und in geringerem Mass von gewerblichem und industriellem Boden.

10 Die vier Erhebungen fanden in den Jahren 1979 bis 1985, 1992 bis 1997, 2004 bis 2009 und 2013 bis 2018 statt. Das Kapitel «Bodennutzung» stellt weitere Zahlen aus diesen Erhebungen vor.

2.4 Wohnungen, Wohnfläche, Wohnareal, BIP, Bevölkerung, 1980-2020

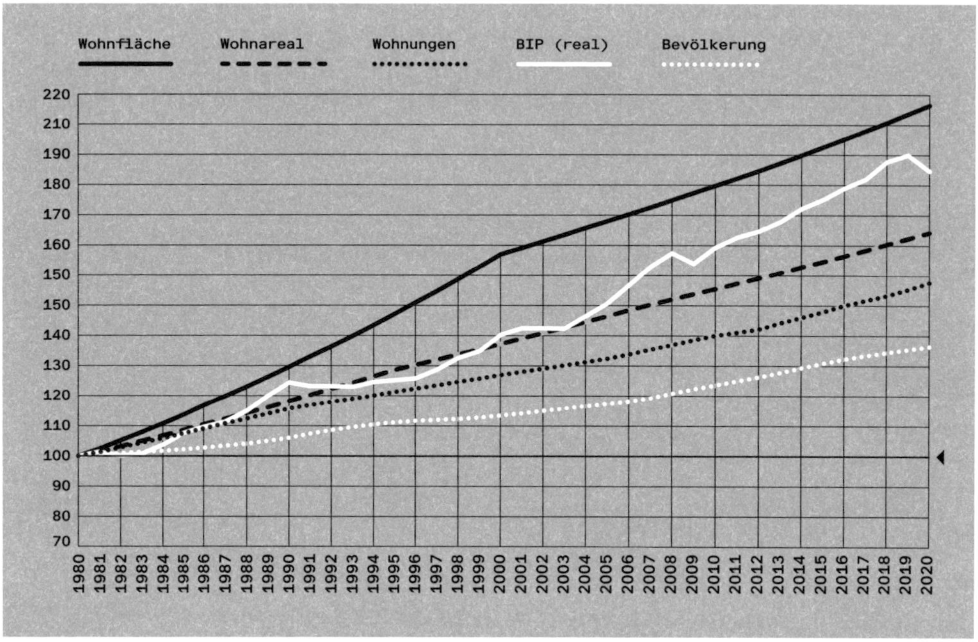

Eigene Berechnungen auf Basis von Daten von BfS und SECO, normalisiert auf 1980 = 100

Das Wachstum der Wohnfläche lag zwischen 1980 und 2020 deutlich über demjenigen von Bevölkerung und BIP, der für Wohnzwecke benutzte Boden (Wohnareal) wuchs dagegen weniger schnell als das BIP.

2.5 Wohnfläche und Wohnareal im Vergleich zum BIP, 1980-2020

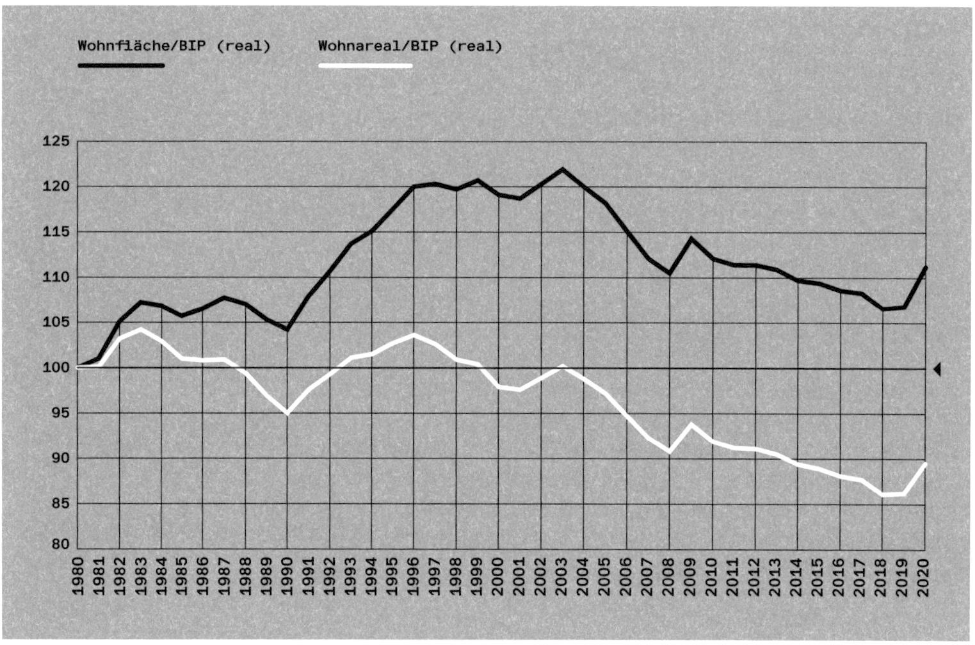

Eigene Berechnungen auf Basis von Daten von BfS und SECO, normalisiert auf 1980 = 100

Die Entwicklung des Wohnareals pro Einheit BIP war lange Zeit mehr oder weniger flach, reduzierte sich seit 2003 aber deutlich. Auch bei der Fläche der als Hauptwohnsitz genutzten Wohnungen ist seit 2003 eine Reduktion pro Franken BIP zu beobachten.

In der Schweizer Statistik werden bei der Bodennutzung vier Obergruppen unterschieden: Siedlungsfläche, landwirtschaftliche Fläche, bestockte Fläche (Wald) und unproduktive Fläche (Gebirge, Gewässer). Seit der ersten in den Jahren 1979 bis 1985 durchgeführten Arealstatistik waren bei der Siedlungsfläche und beim Wald deutliche Zugänge zu verzeichnen, die durch eine gesunkene landwirtschaftliche Fläche kompensiert wurden. Pro Einwohner nahm die Siedlungsfläche dagegen nur leicht zu. Lediglich das Wohnareal, die für das Wohnen genutzte Fläche, verzeichnete eine Zunahme, wogegen beim übrigen Siedlungsareal ein Rückgang der Beanspruchung pro Kopf zu verzeichnen war. Zum übrigen Siedlungsareal gehören insbesondere die für Verkehr und Gewerbe genutzten Flächen.

2.6

2.7

Eine Umnutzung von landwirtschaftlichem oder gewerblichem Areal setzt eine entsprechende Umzonung voraus, die mit Kosten verbunden ist. Eine Umnutzung von gewerblichem Boden bedingt oft den Rückbau der vorhandenen Gebäude und im schlimmsten Fall eine Reinigung des Bodens. Bei bisher landwirtschaftlich genutztem Boden ist ein Anschluss an bestehende Infrastrukturen in den Bereichen Verkehr, Strom und Wasser nötig. In der Vergangenheit musste Land zudem oft entwässert oder vor Überschwemmungen und anderen Naturereignissen geschützt werden.

Bodenmarkt

Boden ist in seiner physischen Form ein mehr oder weniger homogenes Gut. Der ökonomische Wert des Bodens hängt aber stark von seiner Lage ab. In der Nähe der wirtschaftlichen Zentren ist Boden begrenzt und begehrt, der Bodenpreis deshalb hoch. Je weiter die (zeitliche) Distanz vom Zentrum, desto weniger attraktiv ist der Boden und desto tiefer ist sein Preis.[11] Andere Standortfaktoren sind die steuerliche Belastung oder eine schöne Aussicht mit Bergen oder Seen.[12] In der Praxis ist es deshalb eine starke Vereinfachung, von einem Bodenmarkt zu sprechen. Vielmehr bestehen viele lokale Bodenmärkte, die miteinander verbunden sind. Erhöht sich die Nachfrage in einem lokalen Markt, so wird sich das in der Regel auch auf die benachbarten Märkte auswirken.

Die grundlegenden Zusammenhänge lassen sich aber trotzdem anhand einer einfachen Analyse mit Angebot und Nachfrage darstellen.[13] Kurzfristig ist die vorhandene Menge an Bauland fix, die Angebotskurve damit vertikal. Der Preis des Bodens wird durch das Gleichgewicht zwischen Angebot und Nachfrage bestimmt. Ein – in der Regel kleiner – Teil des Bodenpreises stellt Kosten der Umnutzung und Erschliessung dar. Es handelt sich dabei gewissermassen um die Produktionskosten von Bauland. Der verbleibende Teil des Bodenpreises

S.27

11 Dies wird von Hoyt (1933) sowie Ahlfeldt und Macmillan (2014) am Beispiel von Chicago eindrücklich dokumentiert. Für eine Übersicht zu räumlichen Modellen des Bodenmarktes siehe ein Lehrbuch der Regionalökonomie wie beispielsweise McCann (2013).

12 Siehe dazu auch *Kapitel 10*.

13 Siehe dazu Harvey und Jowsey (2004). Eine umfassendere Darstellung des Bodenmarktes findet sich in Barlowe (1986).

2.6 Bodennutzung insgesamt, 1982-2016

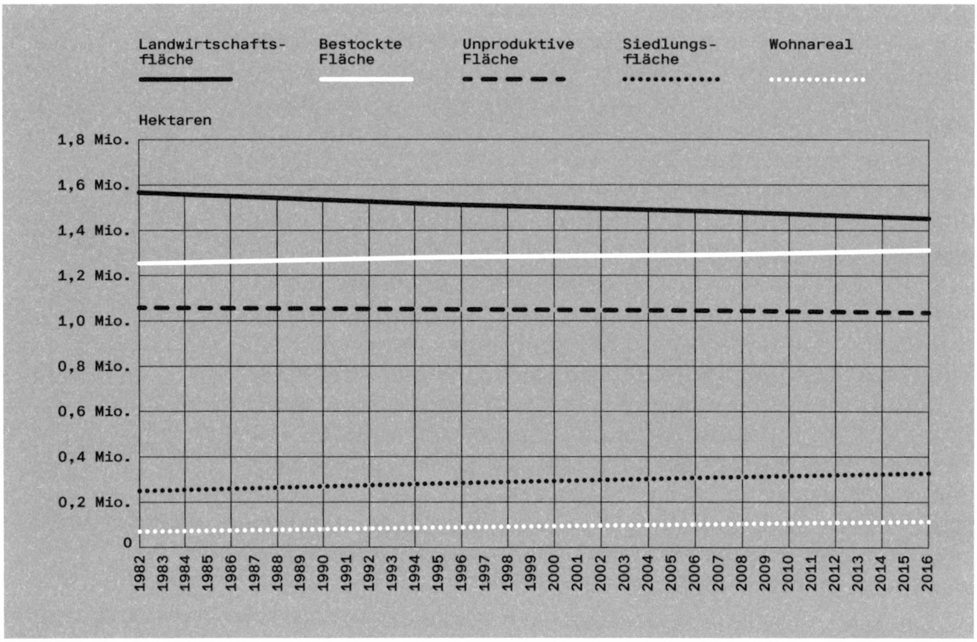

BfS

Die Siedlungsfläche, mit dem Wohnareal als wichtigem Bestandteil, nahm seit Beginn der 1980er-Jahre auf Kosten der landwirtschaftlichen Fläche zu.

2.7 Bodennutzung pro Einwohner, 1982-2016

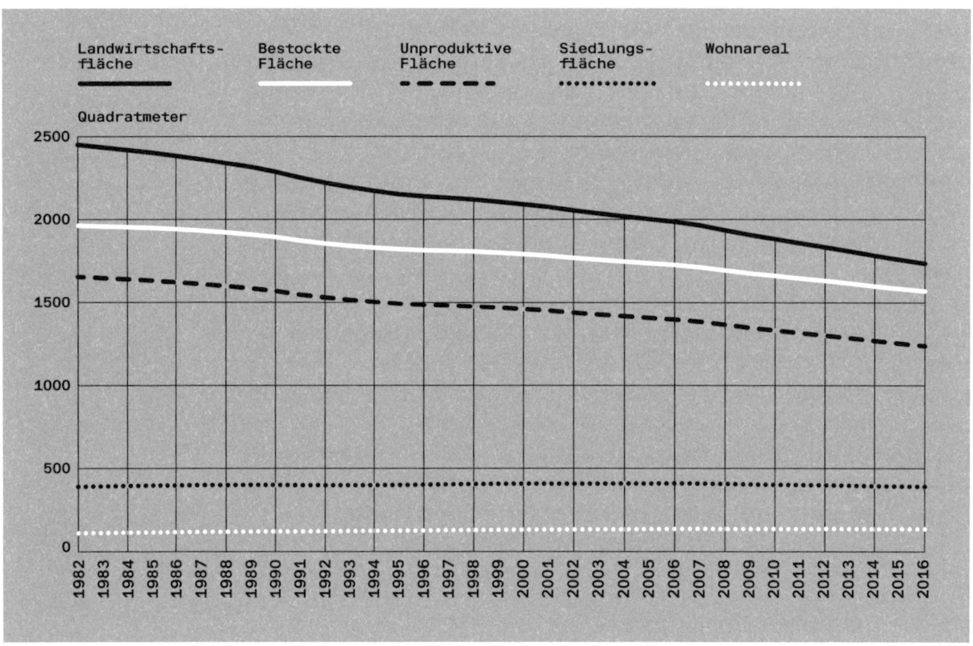

BfS, eigene Berechnungen

Die Fläche pro Einwohner blieb beim Siedlungsraum praktisch unverändert, während sie bei den anderen Nutzungsarten deutlich abnahm.

stammt aus seiner Knappheit. Dieser Teil des Wertes des Bodens wird als Bodenrente bezeichnet, ein Einkommen ohne produktive Tätigkeit.

Der Preis wird bei konstantem Angebot allein durch die Nachfrage bestimmt. Steigt die Nachfrage, so steigt der Preis und damit der Gesamtwert des Bodens. In diesem Fall fliesst der gesamte Anstieg des Wertes in die Bodenrente. In der Praxis wird bei einer höheren Nachfrage mittel- bis langfristig aber meist mehr Boden bereitgestellt. Die Angebotskurve verschiebt sich nach rechts. Als Folge steigt nicht nur die genutzte Fläche, es reduziert sich auch der Preisanstieg und es besteht eine gewisse Elastizität des Angebots von Bauland. Um dieses Angebot bei einer höheren Nachfrage zu mobilisieren, braucht es in der Regel Preiserhöhungen. Es kann deshalb eine virtuelle Angebotskurve mit einer positiven Steigung angenommen werden.[14]

Langfristig ist mit steigenden Bodenpreisen zu rechnen, auch wenn die Menge des Baulandes als Reaktion auf die zunehmende Knappheit und die steigenden Preise ausgeweitet wird. Einerseits sind der Ausweitung der Menge Grenzen gesetzt. Andererseits ist neues Bauland normalerweise weniger attraktiv. Nur die hohen Preise und das fehlende Angebot an attraktiverem Boden führen dazu, dass dieses weniger attraktive Land überhaupt genutzt wird. In Ländern mit grossen Landreserven fällt der preisliche Effekt kleiner aus. Längere Distanzen machen dort einen Teil der Kosten für die Käufer aus und kompensieren die tieferen Bodenpreise.

Der Wert des Bodens hängt ausserdem von Erschliessungs- und Schutzmassnahmen ab. Wie wichtig Massnahmen zum Schutz von Bauland sind, wird nicht zuletzt bei Überschwemmungen und anderen Naturkatastrophen deutlich. Die starken Regenfälle im Sommer 2021 führten zum Beispiel in Deutschland zu hohen Schäden, in der Schweiz dagegen nicht. Wohn- und Gewerbegebiete sind in der Schweiz offensichtlich deutlich besser vor Unwettern geschützt. Dieser Schutz ist mit Kosten verbunden, erhöht aber gleichzeitig den Wert des Bodens. In der Schweiz werden die Kosten der Umnutzung und des Schutzes vor Naturgewalten oft vom Staat getragen. Möglich ist auch eine Kostenbeteiligung der privaten Grundbesitzer.

In einzelnen Teilmärkten steht in der Regel nicht das gesamte vorhandene Bauland für Neubauten zur Verfügung. Vielmehr bietet ein Teil der Eigentümer Bauland in Erwartung zukünftiger Preissteigerungen oder aus anderen Gründen nicht auf dem Markt an. Diese Eigentümer könnten sich durch höhere Preise veranlasst sehen, mehr Boden auf den Markt zu bringen, wodurch die Elastizität des Angebots weiter erhöht würde. Das Halten eines Gutes oder eines Wertpapiers in Erwartung zukünftiger Preissteigerungen ist spekulativ. Für solche Eigentümer ist die Bezeichnung «Spekulant» deshalb angemessen. Nicht jeder Eigentümer von Boden ist allerdings ein Spekulant, nur

14 Diese virtuelle Angebotskurve sollte nicht analog zu einer traditionellen Angebotskurve mit positiver Steigung interpretiert werden, bei der ein höheres Angebot aufgrund von höheren Produktionskosten mit einem höheren Preis einhergeht.

weil er von Preissteigerungen profitiert und eine Bodenrente erhält.[15] Höhere Bodenpreise, die nicht durch höhere Produktionskosten gerechtfertigt werden, sind vielmehr die Konsequenz der Unvermehrbarkeit des Bodens.

Bodenpreise und Bodenrente

Da Boden ein knappes Gut ist, fliessen Immobilienpreiserhöhungen vor allem in die Bodenpreise. In einer wachsenden Wirtschaft ist deshalb im langfristigen Trend mit Bodenpreiserhöhungen zu rechnen. In agrarisch geprägten Gesellschaften ist es bei limitierten Landreserven sogar möglich, dass die Menge des Landes das Wachstum von Wirtschaft und Bevölkerung limitiert. Es sind dies die von Thomas Malthus und David Ricardo diskutierten Grenzen des Wachstums.[16] Die Beziehung zwischen wirtschaftlichem Wohlstand auf der einen und Immobilien- und Bodenpreisen auf der anderen Seite lässt sich im internationalen Vergleich ebenfalls beobachten.[17] Entsprechende Vergleiche zählen die Schweiz bei den Immobilienpreisen und den Mieten zu den teuersten Ländern.[18]

In einer Publikation auf Basis von Daten des Immobilienberatungsbüros IAZI haben Bourassa et al. (2013) Schätzungen für die gesamtschweizerischen Bodenpreissteigerungen zwischen 1978 und 2008 vorgelegt. Wie erwartet stiegen die Preise des Baulandes mit 4,2 % pro Jahr deutlich stärker als die Preise der Einfamilienhäuser, letztere mit 3,1 % pro Jahr. Am tiefsten war der Anstieg bei den Preisen der Neubauten, die mit 1,9 % noch etwas langsamer stiegen als die gesamtwirtschaftlichen Preise. 2.9

Aus solchen Unterschieden bei den jährlichen Wachstumsraten ergeben sich über mehrere Jahrzehnte grosse Unterschiede bei der Entwicklung der Preise. Dies lässt sich anhand einer illustrativen Rechnung zeigen. Basierend auf der Entwicklung der Anzahl Wohnungen, ihrer Grösse und des Bodenverbrauchs für Wohnen auf der einen Seite und der Entwicklung der Preise von Bauten und Boden auf der anderen Seite lassen sich einfache Berechnungen für die Entwicklung des Gesamtwerts des Immobilienparks und seiner Aufteilung auf Bodenrente und die übrigen Komponenten machen. Hätte die Bodenrente im Jahr 1980 noch 15 % des Gesamtwerts einer durchschnittlichen

15 Bei starkem wirtschaftlichem Wachstum erhöhen sich zudem die zukünftigen Bodenerträge. Niehans (1966) und Sieber (1967) diskutieren die Auswirkungen anhand der Kapitalisierungsformel *(Gleichung 3c)* und vor dem Hintergrund der starken Bodenpreissteigerungen in der Schweiz in den 1950er- und 1960er-Jahren.

16 Gaillard (2011) gibt einen kurzen Überblick zum Malthusianismus in der Schweiz.

17 Theoretisch lässt sich das nicht nur mit der Funktionsweise des Bodenmarktes, sondern auch mit dem sogenannten «Balassa-Samuelson-Theorem» erklären. Danach sind nicht-handelbare Güter in Ländern mit einem hohen durchschnittlichen Einkommen aufgrund der höheren Löhne und der fehlenden internationalen Arbitrage teurer. Immobilien sind ein perfektes Beispiel für ein nicht-handelbares Gut. Eine Übersicht findet sich in Obstfeld und Rogoff (1996, Kapitel 4).

18 So beispielsweise hier: www.globalpropertyguide.com [abgerufen am 29.12.2022]

2.8 Angebot und Nachfrage von Bauland

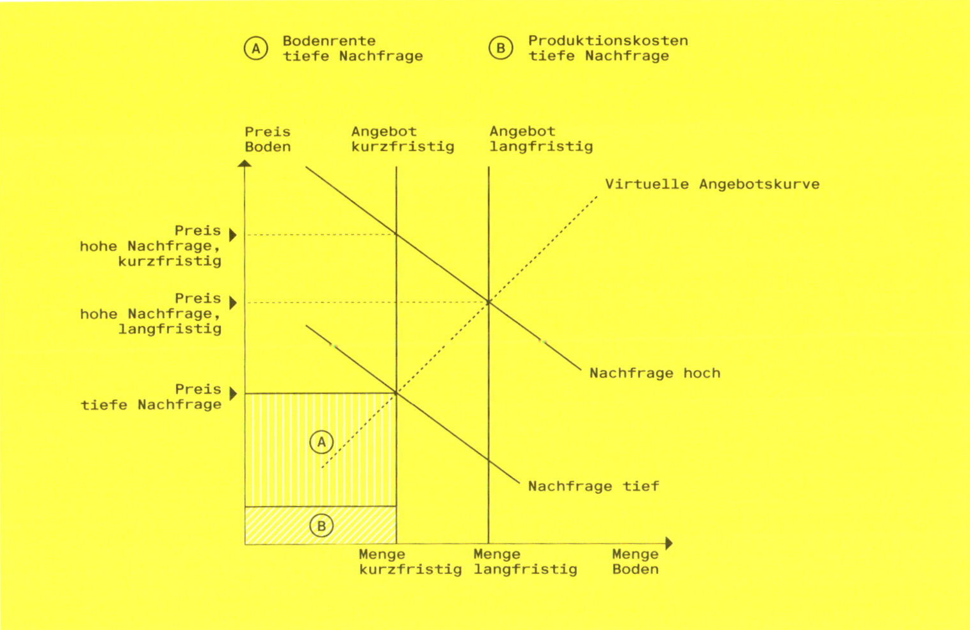

Eigene Darstellung

Die Menge an Bauland ist kurzfristig fix. Eine höhere Nachfrage, z. B. durch Bevölkerungswachstum, führt damit zu deutlich steigenden Preisen. Mittel- bis langfristig wird in der Regel neues Bauland bereitgestellt, was die Preiserhöhung dämpft. Ein Grossteil des Bodenpreises stellt eine Rente dar.

2.9 Jährliches Wachstum der Bodenpreise, 1978-2008

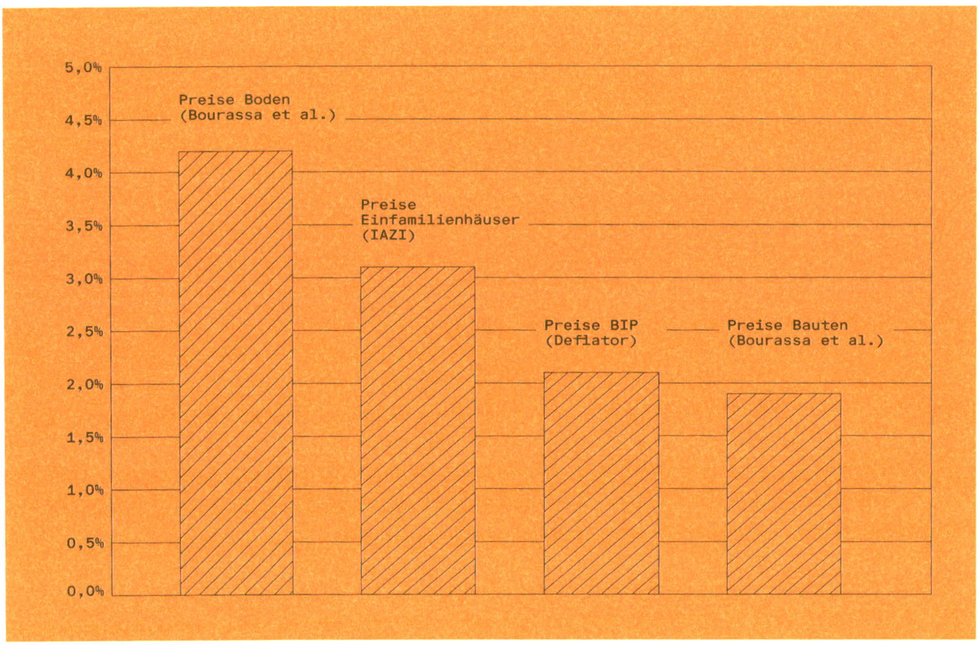

Eigene Berechnungen auf Basis von Daten von Bourassa et al. (2011) und SNB

Die Bodenpreise sind in der Schweiz seit 1978 deutlich schneller gestiegen als die Immobilienpreise, eine Folge des begrenzten Angebots an Bauland.

Wohnung ausgemacht, so wären es 2022 bereits über 25 % gewesen.[19] Der Anteil des Einkommens aus der Bodenrente am BIP hätte möglicherweise noch stärker zugenommen.[20]

19 Es handelt sich dabei um den Wert des Bodens ohne Produktionskosten. Bei den Bauten muss zwischen dem Wert der Bauten und dem Wert des Innenausbaus unterschieden werden. Der Gesamtwert der schweizerischen Wohnungen und Einfamilienhäuser wird von Wüest Partner aktuell auf 3800 Milliarden Franken geschätzt (Wüest Partner [2022]). Das wären bei rund 4,6 Millionen Wohnungen und Einfamilienhäusern durchschnittlich knapp 840 000 Franken pro Einheit.

20 Barker und Sa-Aadu (2004) zeigen für die USA, dass dieser Anteil im Laufe des 20. Jahrhunderts gesunken ist, vor allem aufgrund der sinkenden Bedeutung der Landwirtschaft, mit dem Beginn des Immobilienbooms der 1990er-Jahre aber wieder gestiegen ist.

Der Markt für Wohnimmobilien 3

Wenn wir bisher von Wohnnachfrage gesprochen haben, so bezog sich das sowohl auf den Bestand als auch auf die Nutzung der Strukturen. Eine Unterscheidung dieser beiden Aspekte ist aber zentral für das Verständnis von Immobilienmärkten. Einerseits besteht eine Nachfrage nach Eigentumsrechten. Diese werden von Investoren gehalten, welche die Immobilien kaufen und eine angemessene Rendite auf dem investierten Kapital erzielen möchten. Die Immobilien werden von Nutzern bewohnt, wobei es sich um klassische Mieter oder auch um Eigenheimbesitzer handeln kann. Diese beiden Aspekte werden in einer Reihe von Modellen unterschieden, deren bekanntestes dasjenige von Denise DiPasquale und William Wheaton ist.

Erstes zentrales Element des DiPasquale-Wheaton-Modells ist die Unterscheidung zwischen einem Nutzungs- und einem Investitionsmarkt. Im ersten werden die Mieten bestimmt, im zweiten die Preise. Das zweite zentrale Element ist der Fokus auf Gleichgewichtsbedingungen, welche die lange Frist charakterisieren. Dies stellt eine Vereinfachung dar, die für die Analyse einzelner Marktzyklen nicht immer angemessen ist. Zwischen Preisen und Mieten sollte langfristig zwar eine enge Gleichgewichtsbeziehung bestehen, wobei sich in der kurzen und mittleren Frist aber erhebliche Abweichungen ergeben können. Mieten passen sich nur langsam an. Und auch bei den Mengen kann eine Anpassung einige Zeit benötigen, da in einem gegebenen Jahr nur eine begrenzte Menge an Neubauten auf den Markt kommt und Neubauten eine lange Planungs- und Ausführungszeit benötigen.

Investitions- und Nutzungsmarkt

Für die Analyse einzelner politischer Eingriffe kann eine einfache Darstellung von Nutzungs- und Investitionsmarkt nützlich sein, wie sie von Corcoran (1988) vorgelegt wurde und die bereits wichtige Elemente des DiPasquale-Wheaton-Modells enthält. Auf der linken Seite findet

3.1

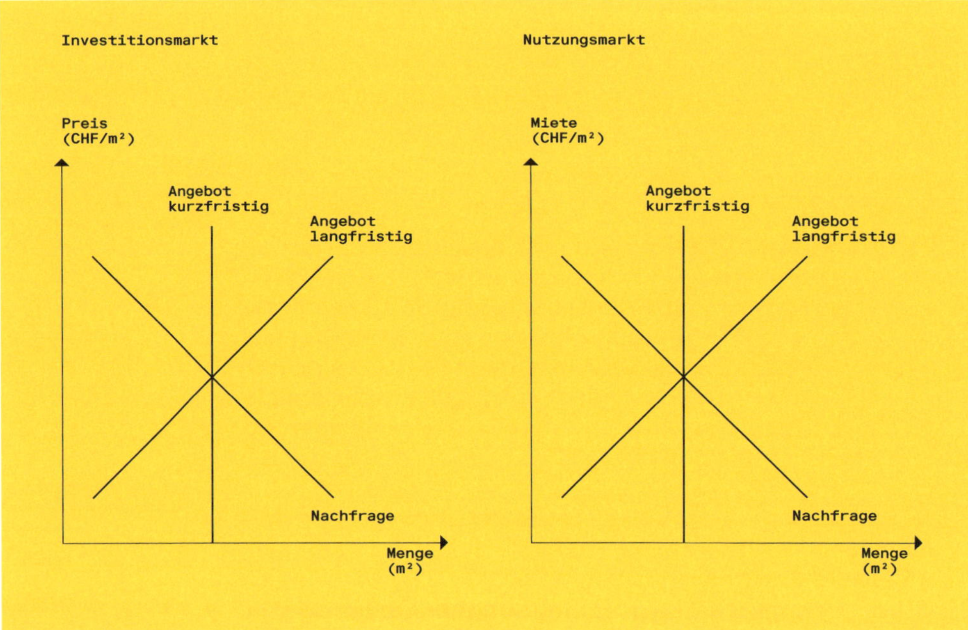

Eigene Darstellung, basierend auf Corcoran (1988)

Immobilien haben einen doppelten Charakter. Einerseits dienen sie zur Nutzung als Wohn- oder Geschäftsräume, andererseits als Investitionsgut. Entsprechend können zwei Märkte unterschieden werden, die aber miteinander verbunden sind. Anwendungen dieses Modells finden sich in Kapitel 8.

sich der Investitionsmarkt mit Angebots- und Nachfragekurve. Das Angebot stellt den Bestand an Strukturen in Abhängigkeit des Preises dar. Kurzfristig ist dieses Angebot konstant, die Angebotskurve vertikal. In der mittleren bis langen Frist wird bei steigenden Preisen mehr gebaut, und die Angebotskurve erhält eine positive Steigung. Umgekehrt sinkt die Nachfrage nach Immobilien mit steigenden Preisen. Diese Nachfrage stammt sowohl von Investoren als auch von Haushalten, welche die Immobilie selbst nutzen.

Auf der rechten Seite findet sich der Markt für die Nutzung der Immobilien. Die Miete stellt den Preis der Nutzung dar. Wiederum ist das Angebot kurzfristig fix und steigt mittel- bis langfristig mit der Höhe der Miete. Umgekehrt wird weniger Wohnraum nachgefragt, wenn die Miete steigt: Die Nachfragekurve weist eine negative Steigung auf. Die Angebotskurven im Investitions- und im Nutzungsmarkt sind miteinander verbunden, da es sich um dieselben Strukturen handelt. Allerdings kann es im Nutzungsmarkt zu Variationen der Auslastung kommen, die sich in einer Variation der Leerstandsquote oder der Belegung äussern.

Bei diesem Zwei-Sektoren-Modell kann es sich um eine Betrachtung des Gesamtmarktes für Wohnimmobilien handeln. Auf der rechten Seite ist in diesem Fall nicht nur der Markt für Mietwohnungen dargestellt, sondern für alle Arten von Wohnungen. Es wird damit angenommen, dass sich Miete und selbstgenutztes Eigentum nicht unterscheiden. Alternativ kann die Analyse auf einzelne Teilmärkte beschränkt werden, beispielsweise auf den Markt für Mietwohnungen.

Das Zwei-Sektoren-Modell ist vor allem dann nützlich, wenn in einem Markt ein Ungleichgewicht besteht oder wenn Verschiebungen der Angebots- und der Nachfragekurven in einem oder beiden Märkten betrachtet werden. *Kapitel 8* wird sich mit entsprechenden Fällen beschäftigen: erstens mit dem Eintritt von Ausländern in den Investitionsmarkt, zweitens mit der Nachfrage nach Ferienwohnungen und drittens mit der Nachfrage nach Zweitwohnungen. S.89

In einer von Jeffrey Fisher stammenden alternativen Darstellung des Zwei-Sektoren-Modells wird beim Investitionsmarkt eine Gleichgewichtsbedingung zwischen Preisen und Mieten anstelle einer Angebots- und Nachfragefunktion zugrunde gelegt.[21] Grundsätzlich entspricht der Preis eines Vermögenstitels der Summe der abdiskontierten Erträge über den Rest der Lebensdauer:

$$P = \sum_0^T M(t) / R(t) \quad \text{(3a)}$$

Dabei ist *P* der Preis, *M* die Miete, *R* die gewünschte reale Rendite in Prozent und *T* die Lebensdauer. Die gewünschte reale Rendite *R* setzt sich aus dem Realzins auf risikolosen Anlagen *r* und einer Risikoprämie *rp* zusammen, der Realzins entspricht dem Nominalzins *i* minus der Inflation (*infl*):

$$R = r + rp = i - infl + rp \quad \text{(3b)}$$

21 Fisher (1992) und Fisher et al. (1993).

Bei einer sehr langen Lebensdauer, konstanten Mieten und einem konstanten Zins ergibt sich näherungsweise:

$$P = M / R$$ 3c

Das Modell von DiPasquale und Wheaton

Eine Anpassung und Erweiterung dieses Zwei-Sektoren-Modells wurde von Denise DiPasquale und William Wheaton vorgelegt.[22] Wie im Modell von Jeffrey Fisher wird zwischen Investitionsmarkt und Nutzungsmarkt unterschieden und der Investitionsmarkt über die *Gleichung 3c* modelliert. Neu dazu kommt eine detailliertere Modellierung des Angebotssektors, woraus sich ein 4-Quadranten-Modell ergibt. 3.2

Quadrant I rechts oben stellt wiederum den Nutzungsmarkt dar. In der Originaldarstellung von DiPasquale und Wheaton fehlt die Angebotskurve im Nutzungsmarkt. Das Modell ist trotzdem geschlossen, da die anderen drei Quadranten für die Bestimmung des Gleichgewichts ausreichend sind. Die Angebotskurve im Nutzungsmarkt kann zudem aus den Gleichungen der *Quadranten III und IV* hergeleitet werden, wie Colwell (2002) gezeigt hat. In *Quadrant II* links oben ersetzt die bereits besprochene *Gleichung 3c* die explizite Modellierung von Angebot und Nachfrage. *Gleichung 3c* wird dabei als Gleichgewichtsbedingung verwendet.

In *Quadrant III* links unten ist der Neubau von Immobilien dargestellt: Je mehr gebaut wird, desto höher ist der Preis. Dabei handelt es sich ebenfalls um eine Gleichgewichtsbeziehung: Je höher im Gleichgewicht die Investitionen sind, desto höher ist der Bestand an Immobilien und desto höher ist der Preis. Es wäre naheliegend, diese Beziehung im Sinne einer Angebotsfunktion zu interpretieren: Je stärker die Preise steigen, desto mehr wird gebaut. Das entspricht aber nicht der Interpretation im DiPasquale-Wheaton-Modell. Vielmehr steigen die Preise wegen der stärkeren Beanspruchung des Bodens (siehe Kapitel «Angebotsseite»). S.34

In *Quadrant IV* rechts unten findet sich eine weitere Gleichgewichtsbeziehung: In einer nicht wachsenden Wirtschaft werden im Gleichgewicht nur so viele neue Immobilien erstellt, wie aufgrund des Alterungsprozesses abgeschrieben werden müssen. δ steht dabei für die Abschreibungsrate, Q für die Menge und ΔQ für die Veränderung der Menge. Die *Quadranten II, III und IV* stellen Gleichgewichtsbedingungen dar, womit das Modell als eine Repräsentation der langfristigen Zusammenhänge interpretiert werden kann. Anpassungsprozesse werden nicht dargestellt und müssen zusätzlich spezifiziert werden.[23]

22 Eine deutschsprachige Darstellung findet sich in Cieleback (2008), der den Quadranten II als «Investitionsmarkt» bezeichnet. Alternativ wäre die Bezeichnung als «Bestandesmarkt» möglich, wie in Baumberger und Bodmer (2016) gemacht. Der Begriff «Bestandesmarkt» wird in der Literatur aber bereits für den Markt für bestehende Immobilien verwendet, so in Maier (2004) oder Lüthi (2006).

23 Wie beispielsweise von Colwell (2002) gemacht.

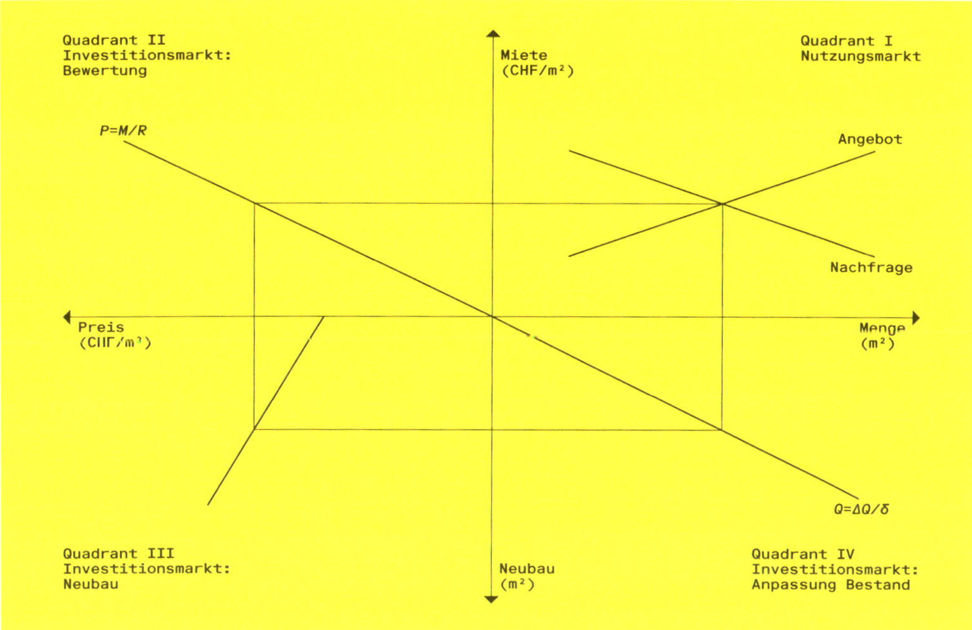

Eigene Darstellung, basierend auf DiPasquale und Wheaton (1996) und Colwell (2002)

Das DiPasquale-Wheaton-Modell fügt dem Investitions- und dem Nutzungsmarkt eine detailliertere Darstellung des Angebots hinzu, mit Neubau und der Anpassung des Bestandes in den unteren beiden Quadranten.

Angebotsseite

Die Angebotsseite des DiPasquale-Wheaton-Modells ist in den *Quadranten III und IV* dargestellt. Mit steigender Menge an Neubauten steigen die Preise *(Quadrant III)*. Grund dafür sind die Bodenpreissteigerungen, da bei den Bauten mittel- bis langfristig nicht mit einer Erhöhung der Preise zu rechnen ist. Dabei handelt es sich um reale Preise, d. h. die Preise des Bodens und der Bauten im Vergleich zum gesamten Preisniveau. Wie stark die Immobilienpreise steigen, hängt einerseits von der Angebotselastizität des Bodens ab, andererseits von der Leichtigkeit, mit der Bauten mit Boden substituiert werden können.

Eine etwas detailliertere Darstellung der Angebotsseite geht deshalb von den Märkten für Boden und Bauten aus.[24] In der langen Frist ist das Angebot von Bauten vollkommen elastisch, die Angebotskurve wird horizontal. Mit anderen Worten lässt eine höhere Nachfrage die Preise für Bauten nicht steigen. Anders sieht es beim Bauland aus. Im Aggregat kann die Menge von Bauland kurzfristig als fix angenommen werden (siehe *Kapitel 2* «Bodennutzung»). Mit steigendem Bedarf an Bauland wird aber in der Regel neues Bauland bereitgestellt. In einem Teilmarkt werden steigende Preise zudem oft ein steigendes Angebot mobilisieren, das von Eigentümern von Baulandreserven stammt. Insbesondere in einem einzelnen lokalen Markt weist die Angebotskurve für Bauland deshalb eine positive Steigung auf.

3.3

S.21

Auch bei einer vertikalen Angebotskurve für Land ist allerdings eine Ausweitung des Wohnraumes möglich, nämlich über eine intensivere Nutzung des Bodens. Mit anderen Worten wird mehr Wohnraum auf einer gegebenen Fläche erstellt. Je leichter diese Substitution zwischen Bauten und Boden fällt, desto elastischer wird das Angebot von Wohnraum bei einer gegebenen Angebotselastizität des Bodens. Aus der Angebotskurve am Investitionsmarkt ergibt sich direkt die Angebotskurve am Nutzungsmarkt, falls sich die Nutzungsintensität der Immobilien nicht verändert.

Auswirkungen sinkender Zinsen

Die Funktionsweise des DiPasquale-Wheaton-Modells lässt sich am besten anhand von Beispielen erklären. In einem ersten Beispiel sinken die Zinsen.[25] Bei gegebenen Mieten führt dies zu einer flacheren Bewertungskurve in *Quadrant II* und damit zu einer Erhöhung der Immobilienpreise. Höhere Preise gehen aber mit einem zusätzlichen Angebot einher *(Quadrant III)*. In *Quadrant I* verschiebt sich deshalb die Angebotskurve, da bei gleichen Mieten ein höheres Angebot besteht. Als Folge sinken bei einer gegebenen Nachfrage die Mieten, woraus sich ein dämpfender Effekt auf die Immobilienpreise ergibt.

3.4

24 Diese Darstellung beruht auf Baumberger (2006).
25 Sowohl der Fall von sinkenden Zinsen als auch der im folgenden Abschnitt dargestellte Fall von Wachstum wurde bereits in DiPasquale und Wheaton (1996) besprochen.

3.3 Eine alternative Darstellung der Angebotsseite

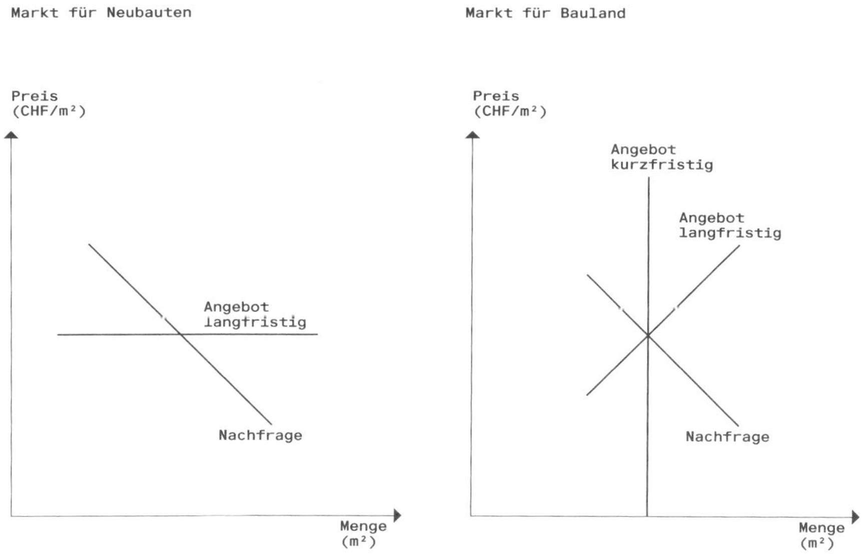

Eigene Darstellung, in Anlehnung an Baumberger (2006)

Die Angebotsseite kann über eine explizite Berücksichtigung des Bodenmarktes noch etwas detaillierter dargestellt werden. Die Restriktionen beim Angebot stammen aus dem Bodenmarkt, während bei den Gebäuden mittel- bis langfristig ein vollkommen elastisches Angebot besteht. Kurzfristig ist das Angebot an Bauten allerdings auch fix, da Neubauten eine längere Zeit für Planung und Fertigstellung benötigen.

Investitionsmarkt

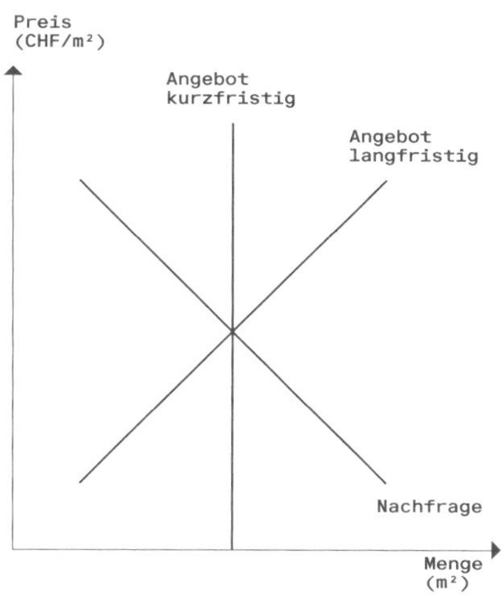

Eigene Darstellung, in Anlehnung an Baumberger (2006)

Da es möglich ist, mehr Wohnraum auf einer bestimmten Fläche zu erstellen, weist das mittel- bis langfristige Angebot im Investitionsmarkt auch dann eine positive Preiselastizität auf, wenn das Bodenangebot unverändert bleibt.

3.4 Auswirkungen sinkender Zinsen

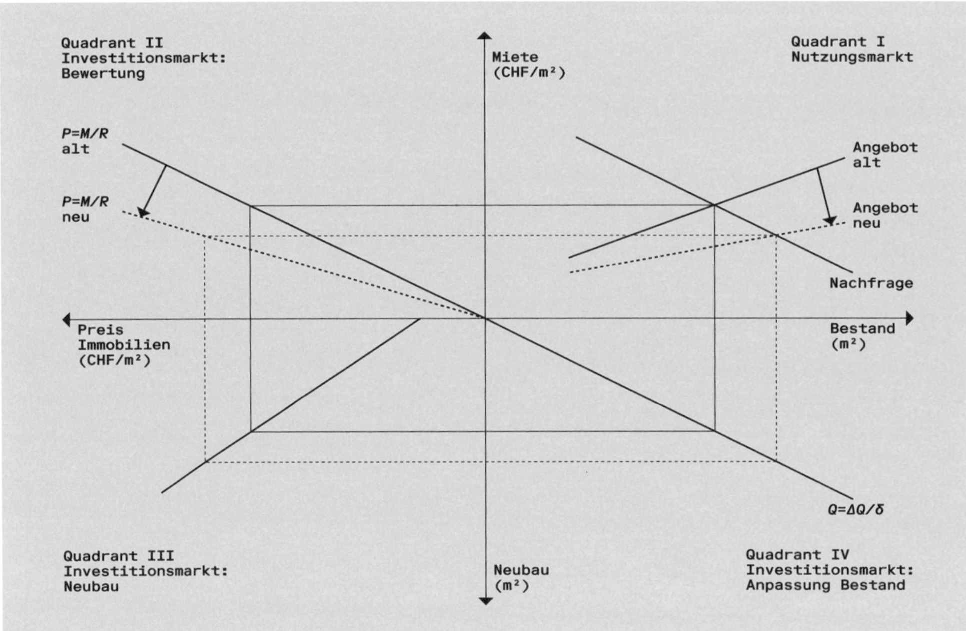

Eigene Darstellung basierend auf DiPasquale und Wheaton (1996), Colwell (2002)

Sinkende Zinsen rechtfertigen bei gegebener Miete einen höheren Preis. Dieser geht mit einer Ausweitung des Angebots einher, der zu einer Reduktion der Miete führt.

3.5 Auswirkungen einer steigenden Nachfrage nach Wohnraum

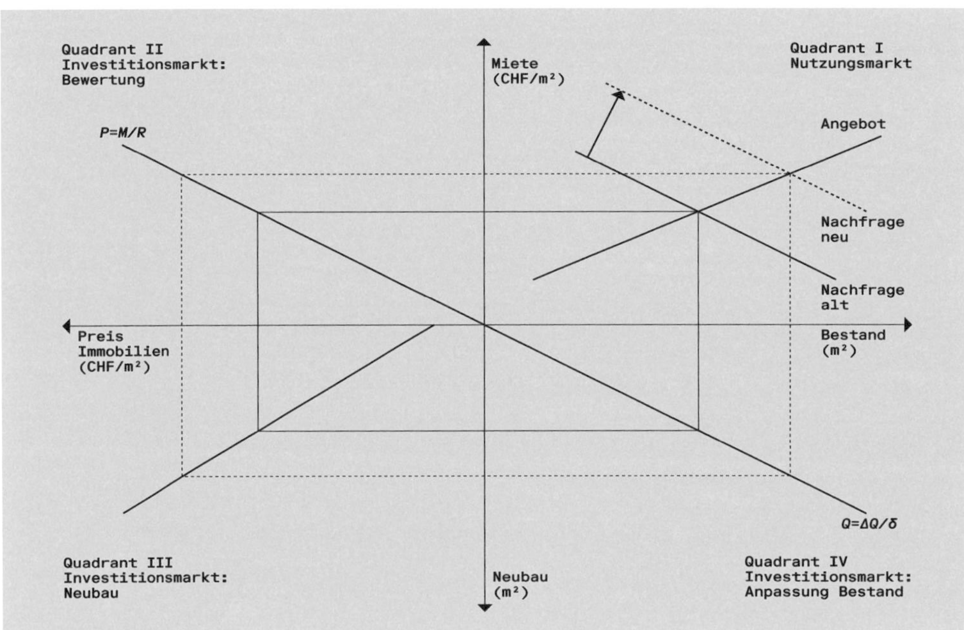

DiPasquale and Wheaton (1996), Colwell (2002)

Bei einer steigenden Nachfrage nach Wohnraum steigt zuerst die Miete, was einen Anstieg der Preise und eine Ausweitung des Angebots auslöst.

Die Ersatzinvestitionen sind aufgrund des höheren Bestandes ebenfalls höher (*Quadrant IV*). Tiefere Zinsen führen damit zu höheren Preisen und tieferen Mieten.

In der Praxis stellt sich die Frage, welcher Zinssatz verwendet werden soll. Aus Sicht der ökonomischen Theorie ist der Realzinssatz relevant. Da es sich um ein Gleichgewichtsmodell handelt, sollte es sich zudem um einen langfristigen Realzinssatz handeln. Und da die Erträge in der Zukunft liegen, sollte es sich um den *erwarteten* langfristigen Realzinssatz handeln. Ein solcher Zinssatz ist aber nicht beobachtbar und kann allenfalls mit Hilfe von ökonometrischen Verfahren geschätzt werden.[26]

Ebenfalls offen bleibt, wie das neue Gleichgewicht erreicht wird. Im Modell wird der neue, höhere Preis nämlich in einem einzigen Schritt erreicht, es besteht kein Raum für Anpassungsprozesse.[27] In der Praxis geschieht die Erhöhung der Preise aber langsam. Zudem verschiebt sich auch die Angebotskurve, und solche Anpassungen bei den Mengen dauern im Immobilienmarkt einige Zeit. Das neue Gleichgewicht wird deshalb nur langsam erreicht.

Der Anpassungsprozess könnte folgendermassen aussehen: Tiefere Zinsen machen Investitionen in Immobilien attraktiver. Investoren werden zuerst versuchen, bestehende Immobilien zu kaufen, was deren Preis erhöht. Das Angebot ist in der Regel aber begrenzt und besteht mehrheitlich aus Altbauten. Ein Neubau stellt deshalb vielfach die attraktivere Variante dar. In der Praxis ist zudem nicht klar, wie lange die tiefen Zinsen gelten werden. Deshalb ist zunächst nur mit einer zögerlichen Mehrnachfrage zu rechnen, die insbesondere von optimistisch gestimmten Investoren stammt. Und solange nicht viele neue Investoren auftreten, wird sich der Anstieg beim Bodenpreis in Grenzen halten. Je länger die tiefen Zinsen und die Preisgewinne dauern, desto mehr Investoren werden angezogen und desto mehr wird gebaut. Das verstärkt die Immobilien- und die Bodenpreissteigerungen. Im Extremfall beflügeln die erfolgten Preissteigerungen die Erwartung weiterer Preissteigerungen, eine Blasenbildung droht.

Auswirkungen von Wachstum

Ein zweites Beispiel zur Illustration der Funktionsweise des Modells ist eine steigende Nachfrage nach Wohnraum, wie sie durch ein Wachstum der Bevölkerung oder ein Wachstum der Einkommen verursacht werden kann. Die Nachfragekurve im Nutzungsmarkt wird nach aussen verschoben. Die Folgen sind ein Anstieg der Mieten (*Quadrant I*) und der Immobilienpreise (*Quadrant II*). Da mehr Bauten entstehen, steigen wegen den steigenden Bodenpreisen die Preise für Neubauten (*Quadrant III*). Weiter müssen die Ersatzinvestitionen im neuen Gleichgewicht aufgrund des höheren Bestandes steigen (*Quadrant IV*). Eine höhere Nachfrage lässt damit sowohl die Mieten als auch die Preise steigen. 3.5

26 Siehe dazu auch *Kapitel 4* «Zinsentwicklung».
27 Colwell (2002) baut solche Anpassungsprozesse in das Modell ein.

Auch in diesem Fall muss der Anpassungsprozess zusätzlich spezifiziert werden. Eine höhere Nachfrage führt zu einer Knappheit von Wohnraum, da das Angebot nur langsam auf die erhöhte Nachfrage reagiert. Folge ist eine sinkende Leerstandsquote. Gerade für Wohnungen, die neu auf den Markt kommen, wird dies in der Regel relativ starke Erhöhungen der Mieten auslösen. Auch im Investitionsmarkt ist mit Preiserhöhungen zu rechnen. Hohe Neumieten und Preise wiederum beflügeln den Bau von neuen Wohnungen. Wie stark die Preise kurzfristig steigen, hängt nicht zuletzt von den Erwartungen der Marktteilnehmer ab. Sollten sie korrekt antizipieren, dass der langfristige Gleichgewichtspreis unter dem Niveau liegt, das aufgrund der Mieten in neuen Mietverhältnissen angezeigt wäre, so bleiben die Preiserhöhungen begrenzt. Wenn sie das nicht korrekt vorhersehen, kann es zu einem Überschiessen der Preise kommen (siehe dazu *Kapitel 4* «Boom der 1980er-Jahre»).

S.48

4 Trends und Zyklen im schweizerischen Wohnungsmarkt

Seit Beginn des 20. Jahrhunderts durchlief der schweizerische Wohnungsmarkt mehrere Zyklen, gekennzeichnet durch Boom- und Krisenphasen. Boomphasen wurden meist durch ein kräftiges wirtschaftliches Wachstum und eine starke Zuwanderung ausgelöst, welche die Wohnungsnachfrage erhöhten. Reichlich vorhandene Hypothekarkredite beflügelten den Boom zusätzlich. Eine wirtschaftliche Krise läutete den Abschwung ein, bis das Erreichen eines Tiefpunkts bei den Preisen sowie positive Nachfrageimpulse einen erneuten Aufschwung ermöglichten.

Die Boomphase der 2000er-Jahre weicht von diesem Muster ab. Das wirtschaftliche Wachstum ist seit 2008 eher bescheiden, allerdings bei weiterhin robuster Zuwanderung. Speziell waren dagegen die rekordtiefen Zinsen, die bei den Anlegern zu einer Suche nach Rendite führten. Die zunehmende Nachfrage der Investoren nach Immobilienanlagen trieb die Preise nach oben, sorgte aber gleichzeitig für ein zusätzliches Angebot an Wohnraum. Als Folge blieb der Anstieg der Mieten moderat.

Der doppelte Impuls von Bevölkerungswachstum und tiefen Zinsen dürfte auch erklären, weshalb dieser Aufschwung bis 2022 bereits zwanzig Jahre anhielt, eine im Vergleich zu anderen Zyklen lange Dauer. Nur der Nachkriegsboom war mit beinahe dreissig Jahren noch länger. Die beiden Boomphasen zu Beginn des 20. Jahrhunderts waren dagegen deutlich kürzer. Beide wurden durch einschneidende Ereignisse beendet, die erste durch den Ersten Weltkrieg, die zweite durch die Weltwirtschaftskrise. Dem Boom der 1980er-Jahre setzten steigende Zinsen und eine Rezession ebenfalls ein relativ rasches Ende.

Für die Jahre vor 1970 existieren nur wenige statistische Daten. Insbesondere fehlen gesamtschweizerische Statistiken zur Entwicklung der Immobilienpreise. Mit den vorhandenen Daten lässt sich aber trotzdem ein grobes Bild von der Entwicklung zeichnen. Zahlen zu den Mieten zeigen vor allem in den 1920er-Jahren einen schnellen Anstieg, der mit der Weltwirtschaftskrise ein Ende fand. Zahlen von Guth (1962) zu den Basler Bodenpreisen bestätigen den Boom in den 1920er-Jahren. Der Rückgang der realen Mieten dauerte bis 1945. Sowohl während des Ersten als auch während des Zweiten Weltkriegs war eine Mietregulierung in Kraft, die Mietzinserhöhungen erschwerte. Gleichzeitig war die Güterpreisinflation vor allem im Ersten Weltkrieg sehr hoch, was zu einer Reduktion des realen Wertes der Mieten führte. Die 1929 beginnende Weltwirtschaftskrise löste einen Einbruch bei den Mieten aus, der bis 1945 dauerte. Aufgrund der während der Grossen Depression sinkenden Güterpreise sanken die realen Mieten allerdings erst nach 1935. 4.1

Nach dem Ende des Zweiten Weltkriegs setzte ein stetiger Aufwärtstrend bei den Mieten ein, der erst von der Erdölkrise im Jahr 1973 und der nachfolgenden Wirtschaftskrise gestoppt wurde. Das Steigen der Mieten in der Nachkriegszeit wurde durch eine stark erhöhte Nachfrage nach Wohnraum verursacht, getrieben durch ein robustes Wirtschaftswachstum und eine hohe Zuwanderung. Die Krise der 1970er-Jahre führte zwar zu keinem Rückgang der nominalen Mieten. Die allgemeine Inflation lag allerdings über der Mietzinsinflation, womit der Realwert der Mieten sank.

Bei den Mengen bestätigen Daten aus der Stadt Zürich das für die erste Hälfte des 20. Jahrhunderts gezeichnete Bild. Vor dem Ersten Weltkrieg und vor allem in den 1920er-Jahren wurde viel gebaut, eine Reaktion auf steigende Mieten und tiefe Leerstände.[28] Mit Beginn der Krise kam der Neubau jeweils zum Erliegen, die Leerstände schossen in die Höhe. Zumindest in Zürich fielen die Leerstände allerdings sehr schnell wieder auf tiefe Werte, woran sich nach dem Zweiten Weltkrieg nur wenig änderte. Dies reflektiert die ungebrochen hohe Attraktivität von Zürich als Wohnort. Lediglich in den 1990er-Jahren erreichten die Leerstände wieder einen Wert von mehr als tausend Wohnungen, was allerdings nur noch etwa 0,5 % des Wohnungsbestandes ausmachte. Der Neubau verzeichnete in den 1930er-Jahren und den 1950er-Jahren Höchstwerte. Zwischen Anfang der 1950er-Jahre und 2000 wies der Neubau dagegen einen negativen Trend auf, wohl nicht zuletzt aufgrund eines fehlenden Angebots an Bauland. Ab 2000 lässt sich eine Erhöhung des Neubaus beobachten, der vor allem durch eine Umnutzung von Industrieland ermöglicht wurde. Von Jahr zu Jahr kann es zu sehr hohen Fluktuationen kommen, insbesondere dann, wenn in grossen Überbauungen viele Wohnungen gleichzeitig auf den Markt kommen. 4.2

28 Zur Wohnungsnot zu Beginn des 20. Jahrhunderts siehe Saitzew (1920) oder Hausmann (2016).

4.1 Durchschnittliche Wohnungsmiete, 1900-2021

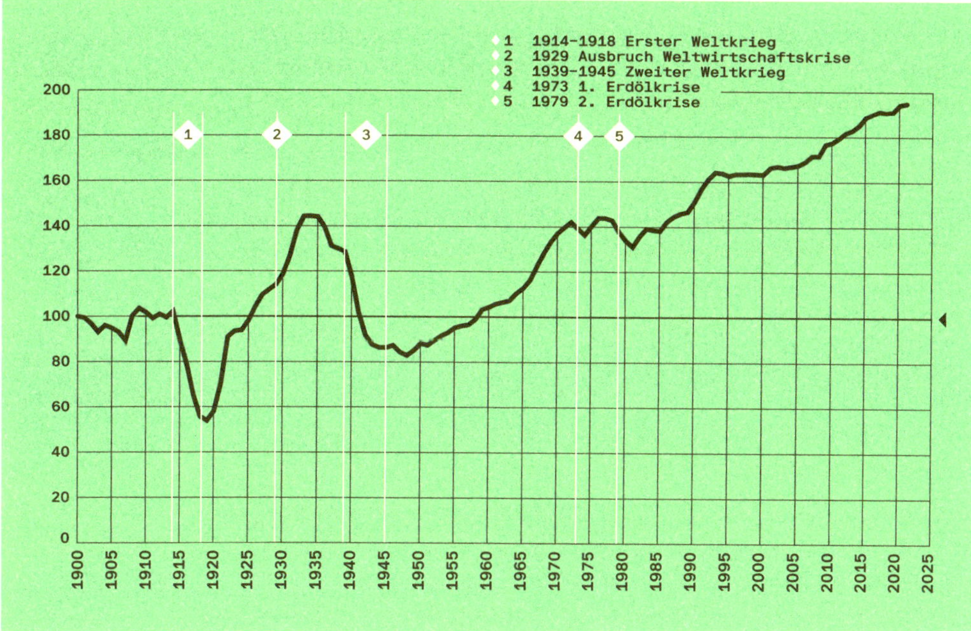

Eigene Berechnungen auf Basis von Daten des BfS; Landesindex der Wohnungsmiete korrigiert um den Preisanstieg beim Landesindex der Konsumentenpreise, 1900 = 100

Die Wohnungsmieten sind im Vergleich zu den anderen Konsumgüterpreisen seit 1900 deutlich gestiegen. Vor allem die Boomphasen der 1920er-, 1960er- und 1980er-Jahre waren durch einen starken Anstieg gekennzeichnet. Dazwischen führten Krisen immer wieder zu einem temporären Rückgang.

4.2 Leerstehende und neu erstellte Wohnungen Stadt Zürich, 1900-2022

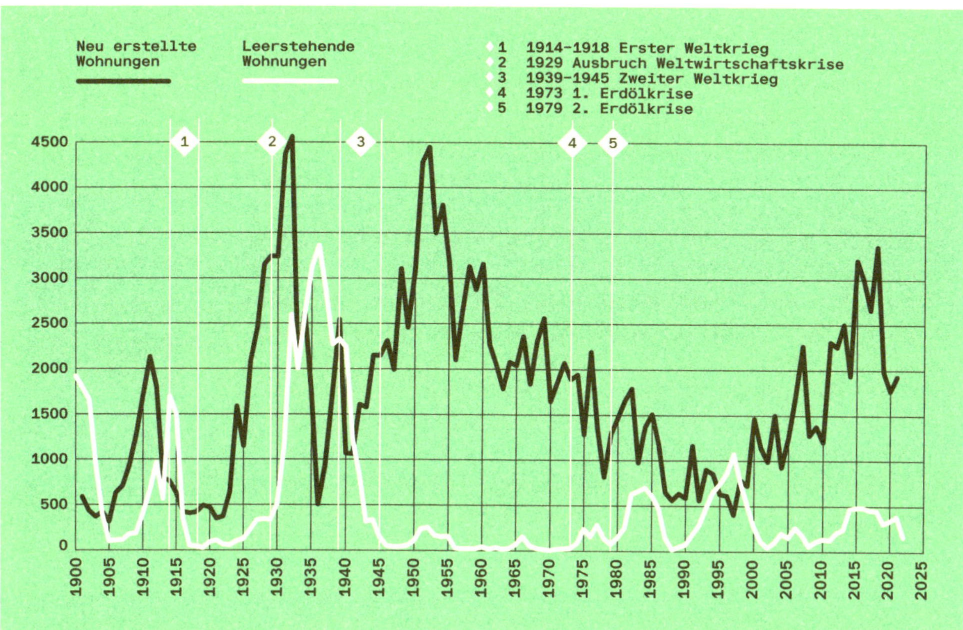

Statistisches Jahrbuch der Stadt Zürich

Die Zyklen lassen sich auch anhand von Zahlen für die Stadt Zürich ablesen. Die Neubautätigkeit war in den 1920er- und 1950er-Jahren sehr hoch und erreichte in den letzten zwanzig Jahren ebenfalls hohe Werte. Die Zahl der leeren Wohnungen blieb dagegen in der gesamten Nachkriegszeit tief.

Gesamtschweizerische Zahlen für Immobilienpreise liegen erst seit 1970 vor, einem Jahr, in dem sich der Immobilienmarkt in der Endphase des langen Nachkriegsbooms befand.[29] Die Preise erreichten ihren Höhepunkt im Jahr 1973 und sanken mit der Erdölkrise und der darauffolgenden Rezession. Im damals noch sehr kleinen Markt für Eigentumswohnungen wurde der Tiefpunkt 1976 erreicht, im Markt für Einfamilienhäuser ein Jahr später. Der darauffolgende Aufschwung dauerte bis 1990. In den 1990er-Jahren fielen die realen Immobilienpreise um rund 30 %. Zur Jahrtausendwende setzte ein neuer Aufschwung an. Die Preise für Einfamilienhäuser und Eigentumswohnungen entwickelten sich insgesamt ähnlich, wobei sich die Preise für Einfamilienhäuser in der Krise der 1990er-Jahre deutlich besser hielten.[30]

4.3

Bei den Eigentumswohnungen begann der neue Aufschwung im Jahr 2002 und bei den Einfamilienhäusern im Jahr 2003. Er dauerte damit mindestens zwanzig Jahre, während er im letzten Zyklus nach vierzehn Jahren zu Ende war. Zudem stiegen die Preise stärker. Dieser Boom war damit sowohl bezüglich Dauer als auch bezüglich Höhe des Preisanstiegs kräftiger als derjenige der 1980er-Jahre. Auch die Coronakrise konnte diesem Boom nichts anhaben, sondern hat möglicherweise den Preisanstieg noch weiter beflügelt. Während der Krise wurde das Homeoffice stark ausgebaut, was die Nachfrage nach Wohnraum erhöht hat. Die realen Preise sind im Jahr 2022 weiter gestiegen, allerdings aufgrund der höheren Güterpreisinflation etwas langsamer als noch im Vorjahr.

Die Mieten entwickelten sich in den beiden Boomphasen sehr unterschiedlich. Bei den Angebotsmieten kam es in den 1980er-Jahren zu einem starken Anstieg, der weit über demjenigen der Immobilienpreise lag. Im Boom der 2000er-Jahre blieb das Wachstum der Angebotsmieten hinter demjenigen der Immobilienpreise zurück. Die Durchschnittsmieten, gemessen am Mietpreisindex, fluktuieren aufgrund des grossen Gewichts der relativ stabilen Bestandesmieten allgemein nur wenig und verzeichneten einen mehr oder weniger stetigen Anstieg. Seit 2015 ist dagegen eine Stagnation zu beobachten, bei den Angebotsmieten sogar ein Rückgang.

Sowohl Mieten als auch Preise stiegen seit 1970 stärker als die übrigen Konsumentenpreise. Wohnen wurde damit – relativ zu anderen Gütern – teurer. Dies kann mit der in *Kapitel 2* diskutierten Knappheit des Bodens erklärt werden. Im Vergleich zum BIP pro Kopf, einem einfachen Mass für das Einkommen, stiegen aber nur die Preise stärker, und dies auch nur in den letzten Jahren.

S.17

4.4

Die Preise für Einfamilienhäuser in Relation zum BIP pro Kopf lagen Ende 2022 etwa 20 % über den Werten im Vergleich zu jenen gegen

29 Die verwendeten Daten werden im Appendix dieses Kapitels näher dargestellt.

30 Gemäss den Transaktionspreisindizes von Wüest Partner war das Wachstum der Preise für Einfamilienhäuser und Eigentumswohnungen zwischen 1985 und 2022 dagegen praktisch identisch.

4.3 Immobilienpreise und Mieten, 1970-2022

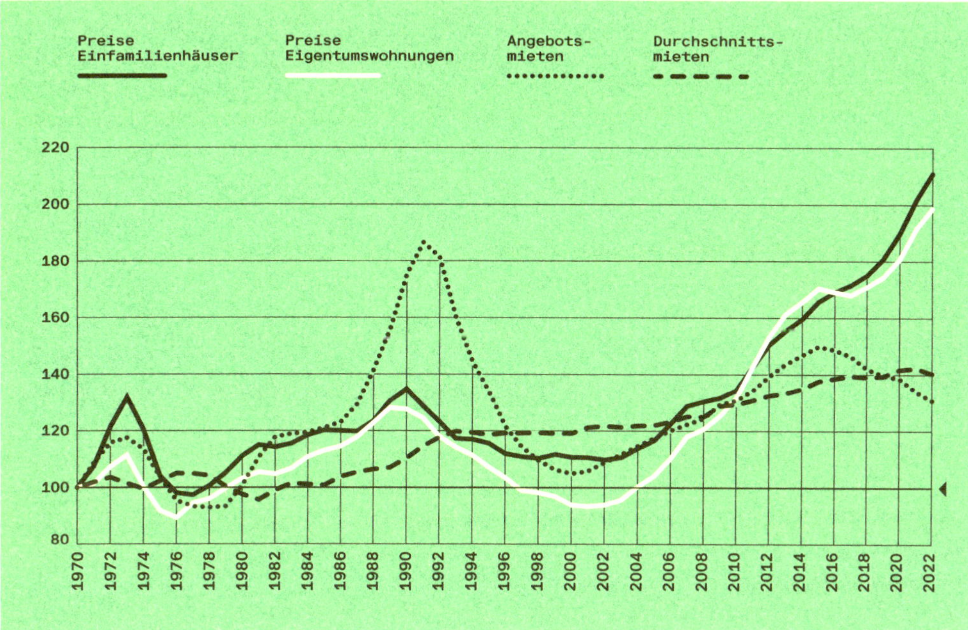

Eigene Berechnungen auf Basis von Daten der SNB und des BfS; Entwicklung von Preisen und Mieten bereinigt um Entwicklung der Konsumentenpreise, 1970 = 100; für Details zu den Preisdaten siehe Appendix. Für 2022 wurden die ersten drei Quartale verwendet.

Gesamtschweizerische Daten für Immobilienpreise liegen erst seit 1970 vor und zeigen ebenfalls einen steigenden Trend, unterbrochen von den Krisen der 1970er- und der 1990er-Jahre.

4.4 Immobilienpreise, Mieten und BIP, 1970-2021

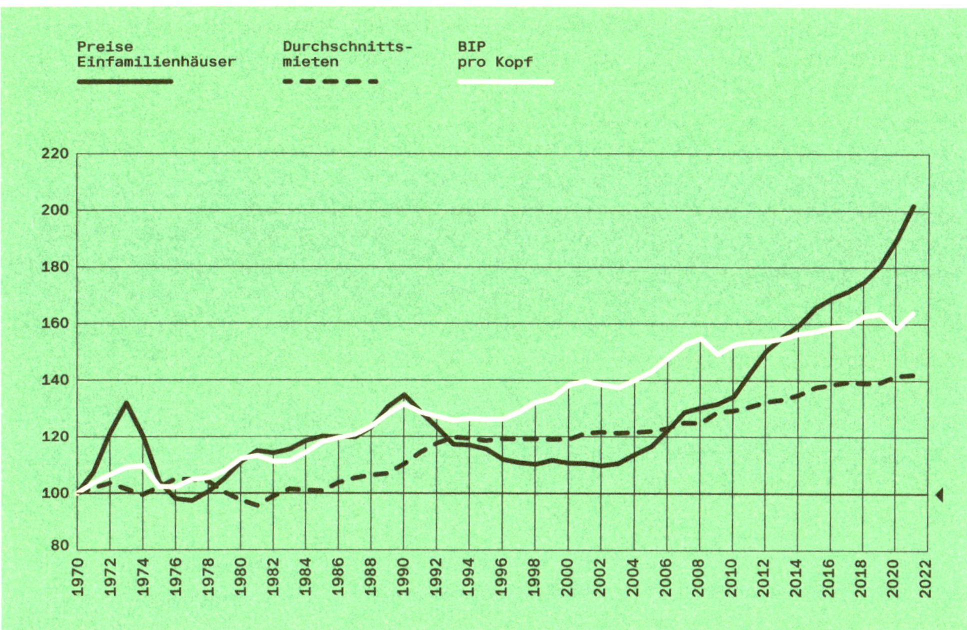

Eigene Berechnungen auf Basis von Daten der SNB, des BfS und des SECO; Preise, Mieten und BIP bereinigt um Entwicklung der Konsumentenpreise, 1970 = 100

Während die Preise und Mieten von Wohnliegenschaften seit 1970 klar gestiegen sind, lag das Wachstum der Mieten unter demjenigen des BIP. Die Entwicklung der Preise liegt seit 2010 dagegen klar über derjenigen des BIP.

Ende der Boomphase der 1980er-Jahre.[31] Das könnte ein Indiz für eine Immobilienblase sein. Das Trendwachstum der Mieten blieb dagegen unter demjenigen des BIP pro Kopf. Das Wachstum der durchschnittlichen Einkommen kompensierte den Anstieg der Mieten damit mehr als ausreichend.

Neubautätigkeit

Bei den neu gebauten Wohnungen sind die Zyklen ebenfalls sichtbar, wobei im Vergleich zu den Preisen eine gewisse Verzögerung zu beobachten ist. In den Boomphasen wurden die Höchstwerte oft erst einige Jahre nach Ende des Booms erreicht, so in den 1930er- oder in den 1990er-Jahren, dies unter anderem aufgrund langer Bauzeiten. 4.5

In der Nachkriegszeit erlebte der Neubau einen starken Aufschwung, mit einem absoluten Höchstwert von über 80 000 neuen Wohnungen im Jahr 1973. Nach der Erdölkrise von 1973 fiel der Neubau kurzfristig auf etwa 30 000 Einheiten. Die Erholung erfolgte graduell, und zwischen 1979 und 1990 wurden jährlich wieder etwas mehr als 40 000 neue Einheiten bereitgestellt. 1994/95 kam es zu einer späten Spitze von knapp 50 000 Einheiten, auch verursacht durch die Fertigstellung von fast 10 000 durch die Wohnbauförderung des Bundes geförderte Wohnungen.[32] Danach sank die Zahl der Neubauten schnell und erreichte 2001 und 2002 Tiefstwerte von unter 30 000 neuen Wohnungen. Ab 2003 ist wieder ein steigender Trend zu beobachten, bei starken jährlichen Fluktuationen. 2018 war ein Höhepunkt von mehr als 53 000 neuen Einheiten zu verzeichnen, bis 2021 dagegen ein Rückgang auf noch knapp 46 000 Einheiten.

Auch hier zeigt sich die sinkende Bedeutung der Einfamilienhäuser. 2020 waren es noch rund 5000 neue Einheiten, im Vergleich zu einem Höchstwert von rund 17 000 Einheiten im Jahre 1980. Nach der Erdölkrise wurde der Bau von Einfamilienhäusern auf Grundstücken möglich, auf denen in der vorhergehenden Boomphase noch Mehrfamilienhäuser geplant worden waren. Entsprechende Quartiere finden sich in vielen Schweizer Städten und Agglomerationsgemeinden. In den 1990er-Jahren wurde der Neubau von Einfamilienhäusern ebenfalls durch tiefe Bodenpreise begünstigt.

Entwicklung der Leerwohnungsziffer

Die Leerwohnungsziffer, d. h. der Anteil der leerstehenden Wohnungen, ist ein weiterer Indikator für die Marktentwicklung. Sie blieb in der Nachkriegszeit für Gemeinden mit mehr als 2000 Einwohnern zuerst sehr tief, stieg dann mit Beginn der Wirtschaftskrise von 1974 aber rasant an.[33] 1975 erreichte die gesamtschweizerische Leerwohnungs- 4.6

31 Wie im Appendix dieses Kapitels erklärt, könnten die Preisschwankungen in den 1970er-Jahren aufgrund des für diese Zeit verwendeten Preisindex als übertrieben erscheinen.
32 BWO (2003).
33 Für die Leerwohnungsziffer wird der Gesamtbestand der Wohnungen von aktuell rund 4,6 Millionen Einheiten zugrunde gelegt.

4.5 Anzahl neu erstellte Wohnungen, 1925–2021

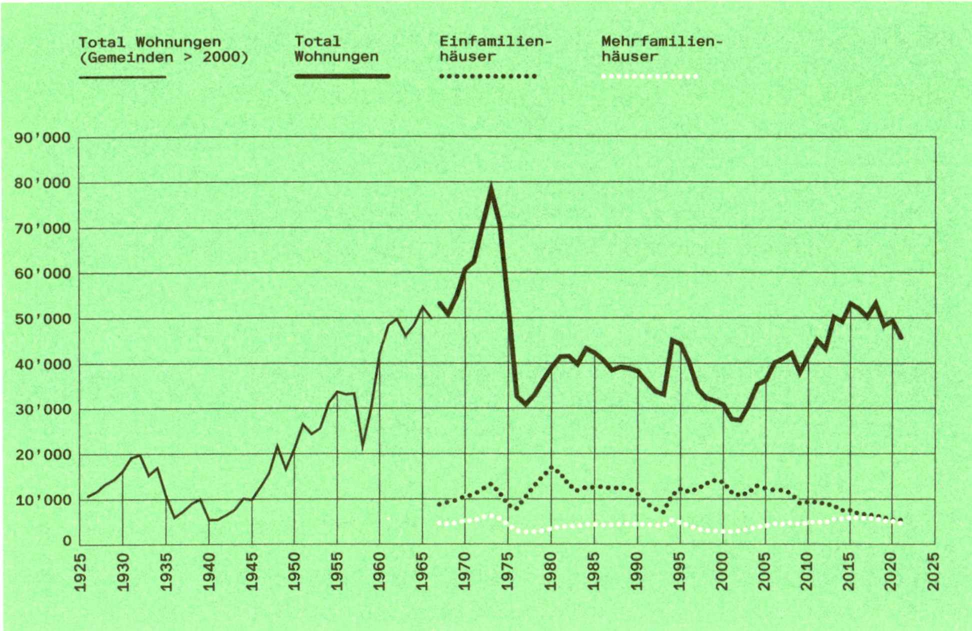

BfS, eigene Berechnungen; bis 1973 Zahlen für Gemeinden mit mehr als 2000 Einwohnern, danach für alle Gemeinden

Bei den neu erstellten Wohnungen wirken sich Veränderungen der Marktlage aufgrund der langen Planungs- und Bauphasen erst verspätet aus. In den letzten zwanzig Jahren wurde relativ viel gebaut.

4.6 Leerwohnungsziffer, 1951–2022

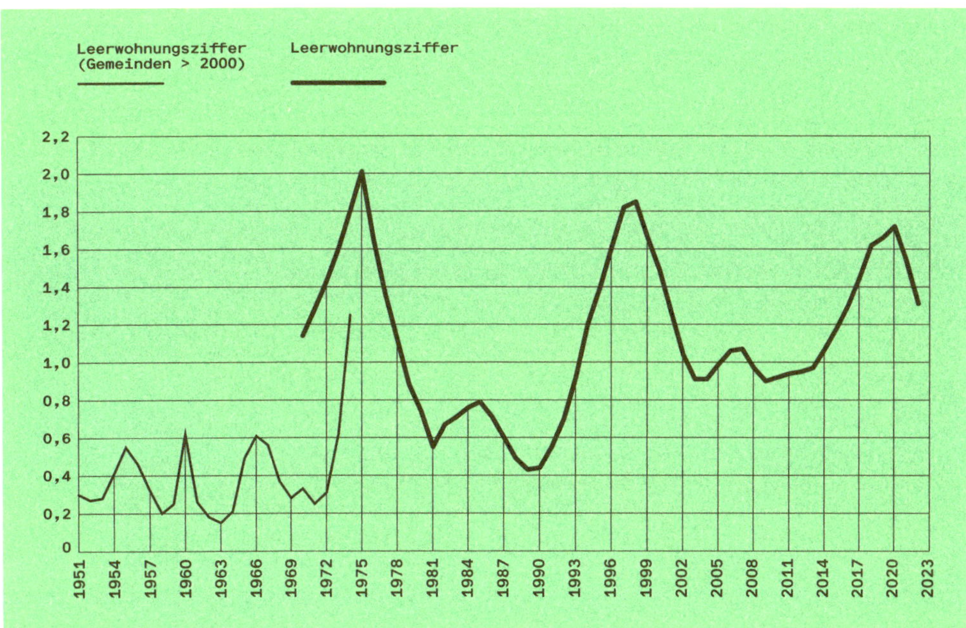

BfS, eigene Berechnungen. Vor 1970 existieren nur Zahlen für Gemeinden mit mehr als 2000 Einwohnern.

Bei der Leerwohnungsziffer sind die verschiedenen Boom- und Krisenphasen ebenfalls sichtbar. Der letzte Aufschwung zeichnet sich durch hohe Leerwohnungsbestände aus, was ihn deutlich vom Boom der 1980er-Jahre unterscheidet.

ziffer einen Spitzenwert von über 2, d. h. mehr als 2 % aller Wohnungen waren nicht bewohnt. In den 1980er-Jahren war die Ziffer sehr tief, mit einem Tiefstwert von rund 0,4. In den 1990er-Jahren kletterte sie wieder auf 1,85. Der Mittelwert lag in den letzten fünfzig Jahren bei rund 1,1. Dagegen blieb die Zahl der leeren Wohnungen im Boom der 2000er-Jahre relativ hoch. Mit 1,72 lag sie 2020 zwar noch unter den Höchstständen von 1975 und 1998. Dass dieser hohe Wert in eine Boomphase fiel, ist aber bemerkenswert. Normalerweise sind die Leerstände in Boomphasen tief. Dies ist ein weiteres Zeichen für die fundamentalen Unterschiede zwischen der letzten und früheren Boomphasen. 2021 und 2022 musste zwar ein Rückgang der Leerwohnungsziffer auf zuerst 1,54 und dann 1,31 verzeichnet werden. Zu diesem Rückgang dürften das starke Bevölkerungswachstum, ein leicht reduzierter Wohnungsbau sowie die zusätzliche Nachfrage nach Wohnraum für das Homeoffice beigetragen haben. Die Leerwohnungsziffer lag im Sommer 2022 aber immer noch deutlich über dem langjährigen Durchschnitt.[34]

Die Leerwohnungsziffer wird nur in Ausnahmefällen Werte gegen Null erreichen, wie das für die Stadt Zürich während eines Grossteils der Nachkriegszeit der Fall war. Vielmehr ist zu jedem Zeitpunkt mit einer gewissen Anzahl leerer Wohnungen zu rechnen. Mieter ziehen um, und nicht immer entspricht der Auszugstermin des alten dem Einzugstermin des neuen Mieters. Sucheffekte tragen ebenfalls zu einer positiven Leerwohnungsziffer bei. Es dauert oft eine gewisse Zeit, bis Mieter oder Käufer die passende Wohnung finden. Für Verkäufer oder Vermieter ist es nicht angezeigt, bei tiefer Nachfrage die Preise oder Mieten sofort so weit zu senken, dass alle Objekte besetzt sind.

Eine mehr oder weniger hohe Leerwohnungsziffer ist deshalb auch in einem Markt zu erwarten, der insgesamt im Gleichgewicht ist. Wie hoch diese «gleichgewichtige» Leerwohnungsziffer ist, kann nicht eindeutig bestimmt werden. Ihr Wert kann sich zudem über die Zeit ändern, aufgrund von Änderungen beim Verhalten oder der Suchtechnik. So dürfte das Internet mit seinem breiten Angebot an Immobilienplattformen zu einem deutlichen Sinken dieser gleichgewichtigen Leerwohnungsziffer beigetragen haben. Im Allgemeinen wird bei einer Leerwohnungsziffer von weniger als 1,0 von Wohnungsnot gesprochen, was angesichts der historischen Zahlen und der dank Internet einfacheren Wohnungssuche als hoch erscheint.

Zinsentwicklung

Die Zinsen haben laut Theorie einen fundamentalen Einfluss auf die Immobilienpreise *(Gleichung 3c)*. Ende 2021 lagen die nominalen Zinsen für zehnjährige Bundesobligationen effektiv auf einem historisch tiefen Niveau, nämlich etwa 4 % unter ihrem langfristigen Mittel. Hoch waren die nominalen Zinsen vor allem in den 1970er- und den 1990er-Jahren,

S.32
4.7

34 Im Mietwohnungsmarkt ist die Leerwohnungsziffer zudem deutlich höher, verursacht durch den tiefen Leerbestand bei Eigentumswohnungen, die als Haupt- oder als Zweitwohnsitz genutzt werden. Wüest Partner (2022) weisen bei den Mietwohnungen im Herbst 2022 einen Anteil der leeren Wohnungen von 2,1% aus.

4.7 Nominal- und Realzinsen auf Bundesobligationen, 1955–2022

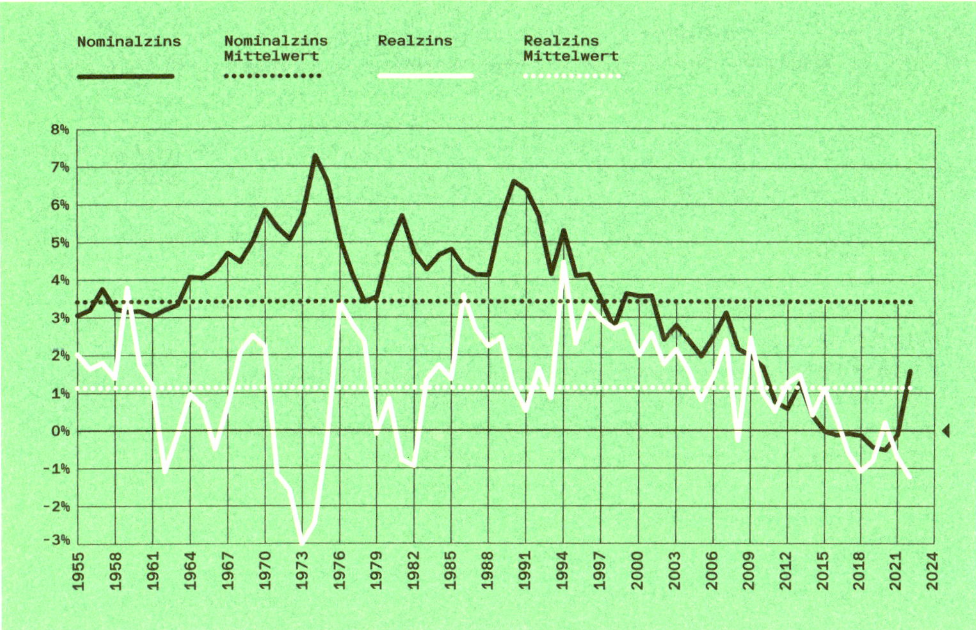

BfS; Zahlen für zehnjährige Bundesobligationen korrigiert um die Güterpreisinflation gemäss Landesindex der Konsumentenpreise. Für 2022 wurden die ersten drei Quartale verwendet.

Während die Nominalzinsen seit 1974 einen sinkenden Trend aufweisen, der sich in den letzten zehn Jahren weiter verstärkt hat, sind die realen Zinsen stabiler. Diese werden nicht zuletzt von der Inflation getrieben. In einzelnen Jahren mit hoher Inflation sanken die Realzinsen auf sehr tiefe Werte. Erst seit 2015 liegen die Realzinsen deutlich unter ihrem langfristigen Mittelwert.

verursacht durch eine hohe Inflation und eine restriktive Geldpolitik. Die Hypothekarzinsen entwickelten sich in diesem Zeitraum ähnlich wie die Zinsen für Bundesobligationen, wobei der Aufschlag gegenüber den zehnjährigen Bundesobligationen unter anderem von der Laufzeit der Hypothek abhing.[35]

Anders sieht es dagegen bei den Realzinsen aus, die für die Preissetzung eigentlich relevant sein sollten (siehe *Kapitel 3*). S.29 Diese waren bereits in einigen früheren Phasen mit hoher Inflation negativ, so insbesondere in den 1970er-Jahren. Nach der Jahrtausendwende unterschritten die Realzinsen erst nach 2015 ihren langfristigen Mittelwert von rund 1% deutlich. Damit erscheint es auf den ersten Blick zweifelhaft, ob die Realzinsen die Preisentwicklung seit 2000 erklären können. Seit Beginn des Jahres 2022 fand bei den nominalen Zinsen ein kräftiger Anstieg statt, getrieben durch die restriktivere Geldpolitik der Notenbanken. Bei den Realzinsen ist bisher allerdings ein weiteres Sinken zu beobachten, da die Inflation noch deutlich stärker gestiegen ist als der Nominalzinssatz für zehnjährige Bundesobligationen.

Boom der 1980er-Jahre

Um die Boomphasen im schweizerischen Wohnungsmarkt zu analysieren, reicht eine vereinfachte Version des DiPasquale-Wheaton-Modells. Es werden nur die beiden oberen Quadranten in die Betrachtung einbezogen. Die unteren Quadranten stellen die Angebotsseite dar, die in der Angebotsfunktion für den Nutzungsmarkt subsumiert werden kann und für die Interpretation der zyklischen Entwicklung keine zusätzlichen Einsichten gibt.

Die Entwicklung der 1980er-Jahre lässt sich vor allem mit einer steigenden Nachfrage nach Wohnraum erklären. 4.8 Diese führte zu steigenden Preisen und Mieten. Das Angebot stieg kurzfristig nur wenig, wie die Zahlen zur Neubautätigkeit in *Abbildung 4.5* bestätigen, S.45 und es kam zu einem Überschiessen von Preisen und Mieten. Die zu Beginn der 1990er-Jahre einsetzende wirtschaftliche Krise und steigende Zinsen haben einen Rückgang der Nachfrage nach Wohnraum und eine sinkende Bewertung von Immobilien ausgelöst. Dabei muss noch einmal betont werden, dass die Miete im Modell von DiPasquale und Wheaton die Nutzungskosten sowohl im Mietwohnungsmarkt als auch im Eigentumsmarkt umfasst. Die Nutzungskosten im Eigentumsmarkt sind allerdings nicht direkt messbar, wogegen sich die Zahlen zur Mietzinsentwicklung direkt als Kosten der Nutzung interpretieren lassen.

Der starke Anstieg der Preise Ende der 1980er-Jahre und der Rückgang nach 1990 dürften auch auf ein Überschiessen der Preise zurückzuführen sein.[36] Neben dem kurzfristig konstanten Angebot spielte dabei zuerst die Erwartung weiterer Preissteigerungen eine Rolle. Gewisse Kapitalgewinnerwartungen sind bei Immobilienanlagen gerechtfertigt, wie die historische Entwicklung und die grundlegenden

35 Baumberger und Bodmer (2016).

36 Steiner (2010) präsentiert ein entsprechendes ökonometrisches Modell des schweizerischen Immobilienmarktes, Hilbers et al. (2008) oder Hott und Jokipii (2012) sind internationale Studien.

4.8 Steigende Nachfrage in den 1980er-Jahren

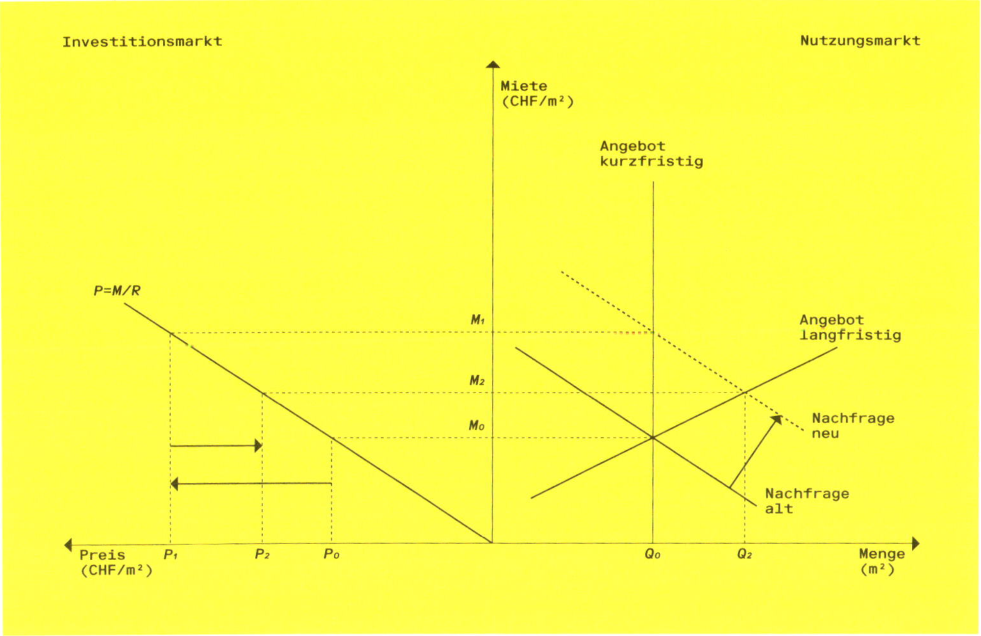

Eigene Darstellung

Der Boom der 1980er-Jahre wurde vor allem durch das starke Wirtschaftswachstum angetrieben. Eine relative kleine Erhöhung des Angebots trug zu einem starken Anstieg von Preisen und Mieten bei.

Zusammenhänge aufgrund der Knappheit des Bodens zeigen. Allerdings sollten dabei die langfristigen Trends und nicht die Werte einiger weniger Jahre zugrunde gelegt werden.

Boom der 2000er-Jahre

Im Boom der 2000er-Jahre spielen andere Mechanismen, wie bereits durch die Entwicklung der Mieten und der Leerwohnungsziffer angedeutet wird. Die Zinsen sind seit 2000 stark gefallen, das Wirtschaftswachstum ist zwar nicht spektakulär, aber insgesamt stetig. Im Modell von DiPasquale und Wheaton führen sinkende Zinsen zu einer flacheren Bewertungskurve im Investitionsmarkt: Tiefere Zinsen erhöhen den Wert von Immobilien bei einer gegebenen Miete. Dies führt zudem zu einer flacheren Angebotskurve im Nutzungsmarkt. Die höhere Bewertung allein würde steigende Bestandespreise und sinkende Mieten zur Folge haben (Punkte P_1, Q_1 und M_1 in *Abbildung 4.9*). Das positive Wirtschaftswachstum und die starke Zuwanderung haben aber gleichzeitig die Nachfragekurve nach aussen verschoben, was die leicht gestiegenen Mieten erklärt (Punkte P_2, Q_2 und M_2). 4.9

Wie bereits diskutiert ist die Rolle der sinkenden Zinsen nicht so eindeutig, wie sie auf den ersten Blick erscheint. Die Nominalzinsen haben zwar rekordtiefe Werte erreicht, die Realzinsen liegen allerdings erst seit 2015 deutlich unter ihrem langfristigen Durchschnitt. Sie können deshalb kaum einen Preisboom erklären, der nun schon fast zwanzig Jahre dauert. Der Beginn dieses Booms dürfte auf den Aufholbedarf nach der Krise der 1990er-Jahre zurückzuführen sein. Und bis 2007 stützte ein solides Wachstum von Bevölkerung und Wirtschaft die Preise. Nach 2009 begannen die realen Zinsen zu fallen, was die Preisentwicklung sicherlich beflügelt hat.

Die Bedeutung der Zinsen für den Preisboom nach 2008 wird nicht zuletzt durch Presseberichte und die Aussagen von Immobilienspezialisten bestätigt. Im Zentrum dieser Aussagen stehen allerdings die Nominalzinsen. Das Abstellen auf nominale anstelle realer Grössen wird in der Wirtschaftswissenschaft als Geldillusion bezeichnet. Für diese Illusion können einerseits Fehler, andererseits gewisse Restriktionen verantwortlich sein. Ein Fehler wäre es beispielsweise, die Geldentwertung bei den Berechnungen nicht zu berücksichtigen. Daneben unterliegen einzelne Akteure Restriktionen, die nominal definiert sind. So müssen Pensionskassen einen nominalen Mindestzins für die Guthaben im obligatorischen Bereich erzielen. Auch die Berechnungen der finanziellen Belastbarkeit bei Hypotheken und die Mietzinsregulierung beruhen auf nominalen Grössen.

Weiter besteht die Möglichkeit, dass die in *Abbildung 4.7* gezeigten Zahlen zum Realzins nicht dem nach Theorie relevanten Zinssatz entsprechen. So bezieht sich die Rendite auf den langfristig erwarteten Realzins. Dass der Realzins nicht weit unter seinem langfristigen Durchschnitt lag, ist der bis 2021 tiefen oder negativen Inflation und der hohen Inflation in einigen früheren Phasen geschuldet. Möglicherweise beruhen die Erwartungen der Anleger auf einer langfristig höheren Inflation bei weiterhin relativ tiefen Nominalzinsen. Diese Erwartung von längerfristig tiefen Zinsen ist nicht zuletzt bei denjenigen Eigentümern gerechtfertigt, die langfristige Hypotheken abgeschlossen haben. S.47

4.9 Sinkende Zinsen und steigende Nachfrage in den 2000er-Jahren

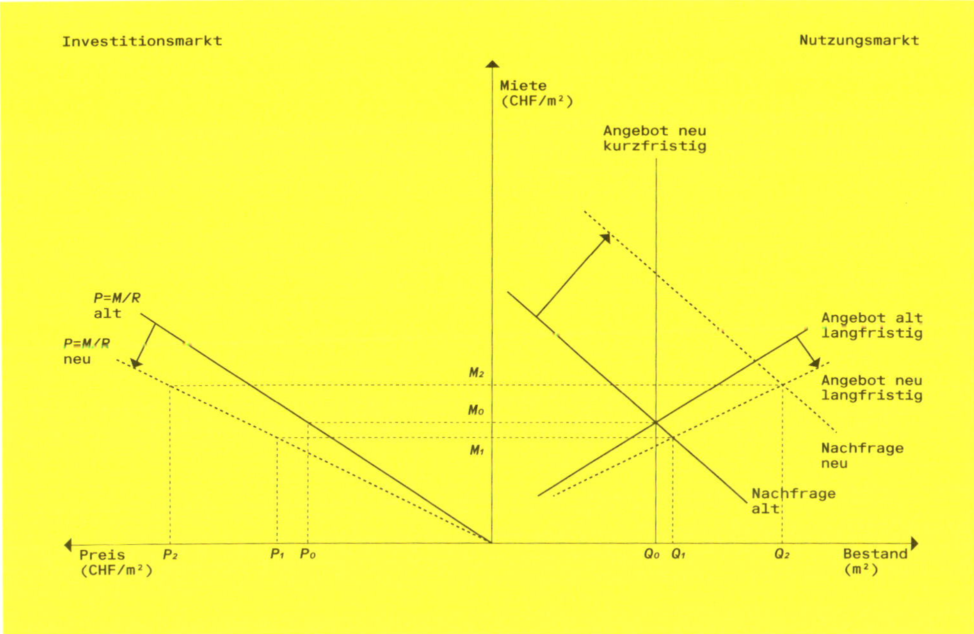

Eigene Darstellung

Der Boom der 2000er-Jahre dauerte mindestens zwanzig Jahre und damit deutlich länger als derjenige der 1980er-Jahre. Grund dürfte der doppelte Impuls von steigender Nachfrage und sinkenden Zinsen sein, wobei letztere auch die starke Erhöhung des Angebots und den relativ schwachen Anstieg der Mieten erklären können.

Es muss aber auch die Möglichkeit in Betracht gezogen werden, dass es sich beim Preisboom der letzten Jahre um eine Blase handelt. Die kräftigen Preiserhöhungen der letzten Jahre wären dabei als Signal für weitere Preiserhöhungen interpretiert worden und hätten die Nachfrage weiter beflügelt. Diese Möglichkeit ist angesichts der im historischen Vergleich hohen Bewertung von Immobilien nicht von der Hand zu weisen. Gemäss Berechnungen der Schweizerischen Nationalbank (SNB) lagen die Preise 2021 rund 20 % über ihren Gleichgewichtswerten, was von anderen Beobachtern allerdings bestritten wird.[37]

Gegen Ende 2022 war bei den nominalen Preisen eine Abkühlung zu beobachten. Gemäss einzelnen Indizes sanken sie sogar. Real war die Abkühlung aufgrund der Inflation noch deutlicher. Ob dies die ersten Anzeichen für ein Ende des Preisbooms sind, muss sich weisen. Bei den Neubauten wurde der Höhepunkt dagegen bereits 2018 erreicht. Der seither zu beobachtende Rückgang war einer der Gründe für die sinkende Leerwohnungsziffer, wobei die hohe Immigration eine noch grössere Rolle spielte. Umgekehrt dürfte die seit 2015 relativ hohe Leerwohnungsziffer den Anreiz für Neubauten gedämpft haben, dies trotz rekordtiefen Zinsen.

Appendix: Vergleich verschiedener Preisindizes

Für die 1970er-Jahre existieren bei den Immobilienpreisen nur die Angebotspreisindizes von Wüest Partner. Seit Mitte der 1980er-Jahre liegen dagegen Transaktionspreisindizes von Wüest Partner, des IAZI und von Fahrländer Partner vor, womit ein Vergleich möglich wird. Seit 2000 bestehen zudem Quartalsdaten, die insbesondere für die Entwicklung im Jahr 2022 zusätzliche Einblicke ergeben.

Die verschiedenen Indizes haben sich insgesamt ähnlich entwickelt. Die grössten Abweichungen ergeben sich beim Angebotspreisindex von Wüest Partner. Die übrigen drei Indizes zeigen bei den Einfamilienhäusern insgesamt eine sehr ähnliche Entwicklung, mit etwas grösseren Ausschlägen beim Index von Fahrländer Partner. Bei den Transaktionspreisen von Eigentumswohnungen weist ebenfalls der Index von Fahrländer Partner die grössten Abweichungen auf, mit sehr viel stärkeren Preissteigerungen in den letzten Jahren. A4.1 A4.2

Für die Preisindizes in *Kapitel 4* werden die Transaktionspreisindizes von Wüest Partner zugrunde gelegt und für die Jahre vor 1985 mit den Angebotspreisindizes von Wüest Partner verknüpft. Nachdem die Angebotspreisindizes von Wüest Partner ab 1985 grössere Schwankungen aufweisen als die Transaktionspreisindizes, gilt Ähnliches möglicherweise auch für die 1970er-Jahre. Dies muss bei der Interpretation der Daten berücksichtigt werden. Insbesondere könnten die Preiserhöhungen zu Beginn der 1970er-Jahre und die Preissenkungen ab Mitte der 1970er-Jahre als übertrieben erscheinen. S.39

Die Quartalsdaten zeigen für 2022 zuerst eine Verlangsamung des Wachstums, im letzten Quartal bei einigen Indikatoren sogar einen Rückgang. Da die Inflation wieder positive Werte erreichte, war die

37 Siehe Zurbrügg (2021) für die Position der SNB und Martel (2021) für kritische Stimmen zu dieser Einschätzung.

A4.1 Preisindizes Einfamilienhäuser, 2000–2022

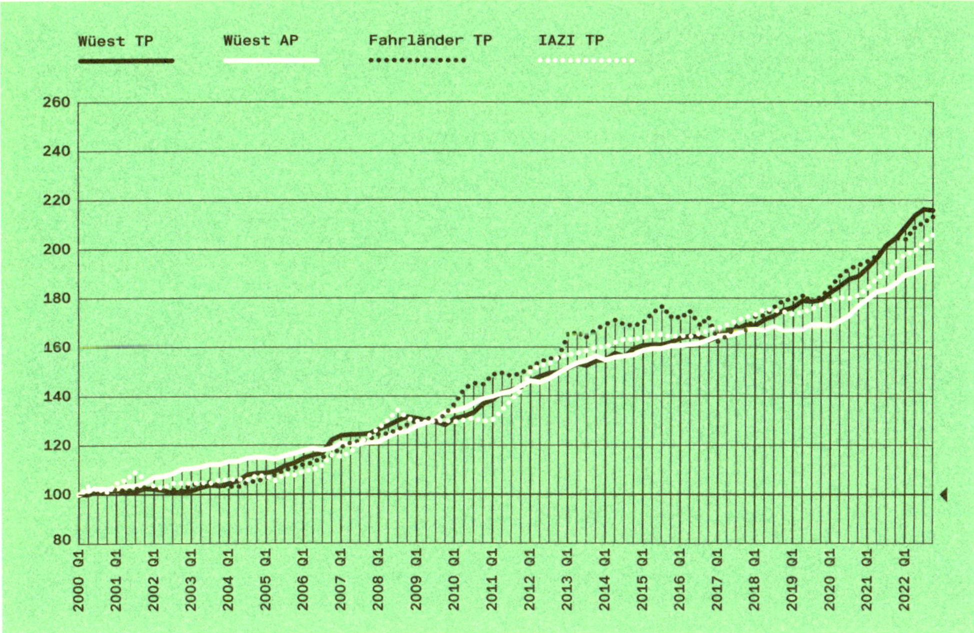

SNB; Quartalsdaten

A4.2 Preisindizes Eigentumswohnungen, 2000–2022

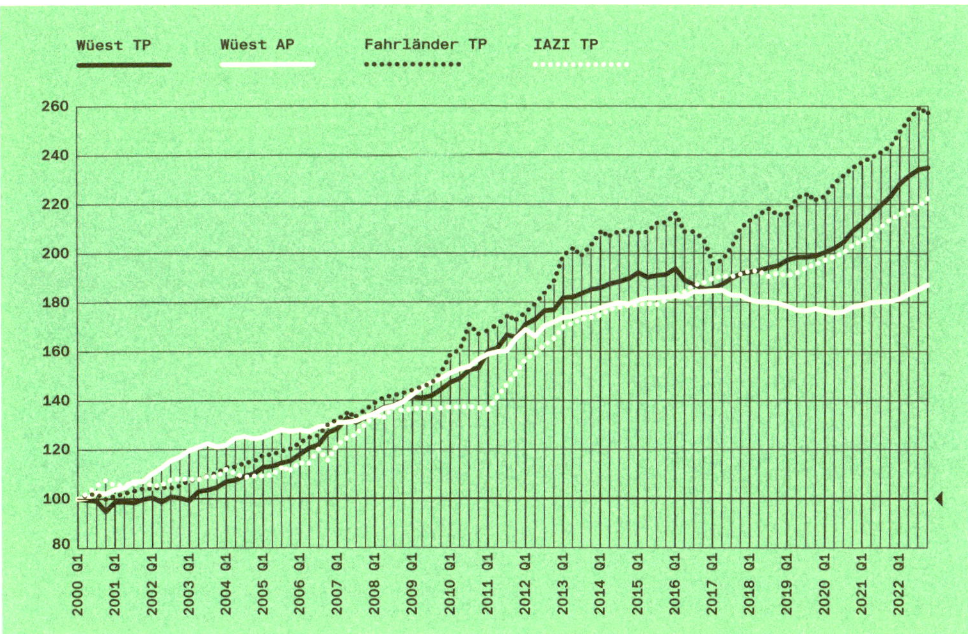

SNB; Quartalsdaten

Verlangsamung bei den realen Immobilienpreisen im vierten Quartal noch deutlicher. Für das ganze Jahr 2022 blieb das Wachstum der realen Immobilienpreise allerdings klar positiv.

5 Mietwohnungsmarkt und Mietzinsregulierung

Nach wie vor wohnt eine Mehrheit der schweizerischen Bevölkerung in Miete. Gleichzeitig machen die Ausgaben für das Wohnen einen grossen Teil des Budgets der Haushalte aus. Entsprechend wichtig ist eine gute Funktionsweise des Mietwohnungsmarktes, und entsprechend viel Beachtung widmet die Politik diesem Markt. Die Versuchung ist gross, die Mieten möglichst tief zu halten. Ein grosser Teil der schweizerischen Bevölkerung könnte von einer Begrenzung der Mieten finanziell zumindest kurz- bis mittelfristig profitieren. Eine solche Politik würde aber riskieren, das Angebot an Mietwohnungen langfristig einzuschränken. Internationale Erfahrungen zeigen, dass Länder mit einer strikten Mietzinsregulierung mit der Zeit einen Bedeutungsverlust des Mietwohnungsmarktes erlebten. In der Schweiz kommt hinzu, dass ein erheblicher Teil der Mietwohnungen von Pensionskassen gehalten wird.[38] Einbussen bei den Mieterträgen hätten damit Auswirkungen auf die Altersvorsorge.

Wie die nach wie vor sehr grosse Bedeutung des Mietwohnungsmarktes zeigt, konnten solche negativen Effekte in der Schweiz bisher vermieden werden. Das ist nicht selbstverständlich, nachdem die Mietzinsregulierung strenge Regeln enthält, welche die Mieten deutlich unter das Marktniveau senken könnten. Die praktische Anwendung der Regeln erlaubte bisher aber eine periodische Erhöhung der Mieten auf Marktniveau. Eine Folge davon ist, dass die Mieten im Vergleich zu den Preisen anderer Güter und Dienstleistungen seit dem Zweiten Weltkrieg gestiegen sind. Dies wiederum verstärkt den Druck, die Mietzinsregulierung strikter zu gestalten.

38 Schätzungen gehen von 16 % bis 18 % aus, siehe zum Beispiel Avenir Suisse, www.avenir-suisse.ch/erobern-pensionskassen-den-immobilien-markt/ [abgerufen am 29.09.2022].

Beim Mietvertrag handelt es sich um einen langfristigen Vertrag. Anpassungen beim Mietzins sind zwar möglich, werden in der Regel aber auch in einem freien Markt nur selten gemacht. Je länger ein Mietverhältnis dauert, desto weiter liegt deshalb die Miete unter dem Marktniveau. Für den Vermieter besteht ein Anreiz, die Anfangsmiete relativ hoch anzusetzen und mit der Zeit eine reale Entwertung zuzulassen. Auf diese Weise kann er ein längeres Verbleiben des Mieters in der Wohnung fördern, was die Kosten senkt.[39] Auch bei den Mengen erfolgt die Anpassung nur langsam, da Neubauten von der Planung bis zur Fertigstellung viele Jahre benötigen.

Sollte sich die Marktlage ändern, kann es am Mietwohnungsmarkt wegen der langsamen Anpassung zu Ungleichgewichten kommen. Die Folgen dieser eingeschränkten Flexibilität können anhand von zwei Beispielen erklärt werden. In einem ersten Beispiel steigt allein die Nachfrage im Nutzungsmarkt. Bei flexiblen Mieten und positiv steigender Angebotskurve steigen Menge und Miete von einem alten Gleichgewicht mit Q_A und M_A zu einem neuen Gleichgewicht mit Q_N und M_N. Bei fehlender Flexibilität passen sich kurzfristig aber weder Mieten noch Menge an, und es entsteht ein Ungleichgewicht. Bei einer konstanten Menge wären die Mieter eigentlich bereit, die Miete M_V zu bezahlen, wobei *V* für virtuell steht. Die Mieten bleiben allerdings aus vertraglichen und anderen Gründen konstant. 5.1

Bei der tiefen Bestandesmiete (M_A) läge die Nachfrage noch deutlich höher als bei Q_N, nämlich bei Q_V. Für diese virtuelle Nachfrage gibt es aber kein Angebot, es entsteht eine Überschussnachfrage. Eine solche Situation kann als Wohnungsnot charakterisiert werden. Diese trifft aber nicht alle Haushalte. Die Haushalte in bestehenden Mietverhältnissen sind ja nicht nur vor Mietzinserhöhungen, sondern auch vor Kündigungen weitgehend geschützt. Die Überschussnachfrage trifft damit vor allem Haushalte, die zu diesem Zeitpunkt eine Wohnung suchen, d.h. Zuzüger und junge Familien, die mehr Wohnraum benötigen. Diese Haushalte müssen die deutlich höheren Angebotsmieten bezahlen, die sogar noch über M_V liegen können.

Eine Verschiebung der Angebotskurve nach rechts entschärft das Problem der Wohnungsnot. Das neue Marktgleichgewicht wird durch eine höhere Menge Q_N und eine weniger stark gestiegene Miete M_N charakterisiert. Damit eine Erhöhung des Angebots in der kurzen Frist wirksam wird, müssen die entsprechenden Bauvorhaben allerdings bereits vorher geplant worden sein. Ist das der Fall, kommt es möglicherweise weder zu einem Überschiessen der Mietzinse für neue Mietverhältnisse noch zu einer Überschussnachfrage. Dies dürfte weitgehend der Situation nach 2010 entsprechen, wie in *Kapitel 4* «Boom der 2000er-Jahre» diskutiert. Eine flachere Angebotskurve hätte einen ähnlich dämpfenden Effekt auf die Mieten. 5.2 S.50

39 Siehe dazu Schlicht (1983) aus theoretischer Sicht sowie Goodman und Kawai (1985), Marshall und Guasch (1986) und Arnott (2003) für empirische Evidenz.

5.1 Der Mietwohnungsmarkt bei erhöhter Nachfrage

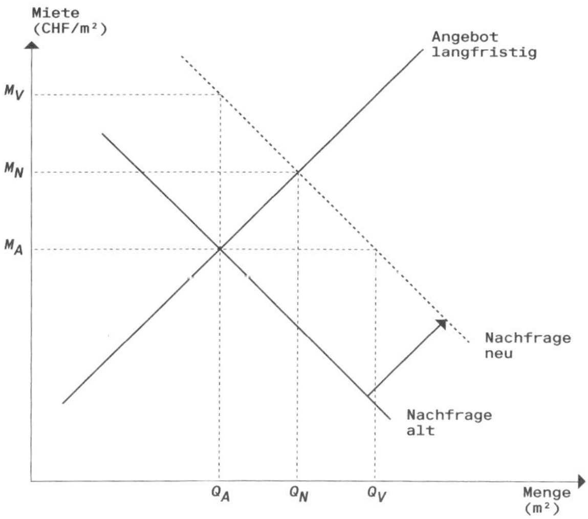

Eigene Darstellung

Bei steigender Nachfrage kann es wegen dem kurzfristig fixen Angebot zu Ungleichgewichten kommen. Die Nachfrage liegt bei einer unveränderten Miete über dem erhältlichen Angebot. Neumieter wären bereit, mehr Miete zu zahlen. Die Angebotsmieten können in einer solchen Situation stark von den Bestandesmieten abweichen.

5.2 Der Mietwohnungsmarkt bei erhöhter Nachfrage und erhöhtem Angebot

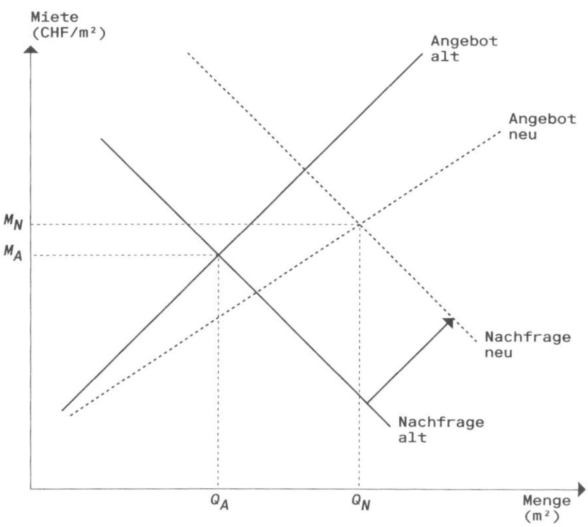

Eigene Darstellung

Steigt das Angebot gleichzeitig mit der Nachfrage, können Ungleichgewichte verhindert werden und es kommt zu keiner grossen Diskrepanz zwischen Angebots- und Bestandesmieten. Steigende Mieten ergeben sich aber aufgrund der steigenden Immobilienpreise trotzdem.

Da die Mieten in bestehenden Mietverhältnissen nur langsam angepasst werden, muss zwischen Angebots-, Neu-, Bestandes- und Durchschnittsmieten unterschieden werden. Bei den Angebotsmieten handelt es sich um diejenigen Mieten, die in Anzeigen ausgeschrieben werden. In der Regel dürften diese bei ausgeschriebenen Wohnungen auch den Neumieten entsprechen, d. h. den Mieten, die bei Mieterwechseln in neuen Verträgen vereinbart werden. Die Mieten aus bestehenden und neuen Mietverhältnissen ergeben zusammen die Durchschnittsmieten. Für die Schweiz liegen für einen längeren Zeitraum nur Zahlen zu Angebots- und Durchschnittsmieten vor.

Aufgrund der langsamen Anpassung bei bestehenden Mieten können sich in der kurzen und mittleren Frist erhebliche Abweichungen zwischen Angebots- und Durchschnittsmieten ergeben. In Boomphasen können die Angebotsmieten aufgrund des begrenzten Angebots deutlich steigen, während sich die Durchschnittsmieten nur langsam erhöhen. Der Unterschied zwischen Angebots- und Durchschnittsmieten war in der Boomphase der 1980er-Jahre am grössten. Nach Beginn der Immobilienkrise der 1990er-Jahre folgte ein scharfer Einbruch der Angebotsmieten, die indexiert sogar noch leicht unter die Durchschnittsmieten fielen. Nach 2000 war ein höheres Wachstum der Angebotsmieten zu beobachten. Laut den Zahlen von Wüest Partner sind die Angebotsmieten in den letzten Jahren aber bereits wieder gesunken. Seit 2015 sind auch die Durchschnittsmieten kaum mehr gestiegen, gemessen am Mietpreisindex. Nimmt man das Niveau von 1970 als Ausgangspunkt, sind die Abweichungen zwischen Angebots- und Durchschnittsmieten zudem bisher immer wieder verschwunden.[40]

5.3

In der langen Frist stiegen die Mieten zwar stärker als die übrigen Konsumentenpreise, aber weniger stark als die durchschnittlichen Einkommen. Das Wachstum der Mieten lag sowohl unter dem Wachstum der Haushaltseinkommen pro Kopf als auch unter dem Wachstum des BIP pro Kopf, zwei einfachen Indikatoren für das durchschnittliche Einkommen. Wohnen wurde damit in den letzten fünfzig Jahren im Durchschnitt nicht weniger erschwinglich. In einzelnen Zeitabschnitten kann der Anstieg der Angebotsmieten allerdings deutlich über dem Anstieg der Einkommen liegen, wie in den 1980er-Jahren geschehen. Viele Neumieter hatten damals Schwierigkeiten, die hohen Mieten zu bezahlen. In der letzten Boomphase hielten die Einkommen nicht ganz Schritt mit den Angebotsmieten, wenn man das Jahr 2000 als Ausgangspunkt nimmt. Aufgrund der im Jahr 2000 tiefen Angebotsmieten sollte dies im Allgemeinen kein grosses Problem darstellen. Für einzelne Orte oder Bevölkerungsgruppen muss diese Aussage allerdings nicht zutreffen. So stiegen die Mieten in den Bevölkerungszentren überdurchschnittlich, was insbesondere Haushalte mit vielen Mitgliedern und mit tiefen Einkommen vor Probleme stellt (siehe *Kapitel 7*).

S.81

40 Wüest Partner verzeichneten auch sinkende Bestandesmieten (Göckel und Schnorf [2021]). Damit ergibt sich implizit ein Widerspruch zu den Zahlen für die Durchschnittsmieten, die laut BfS leicht gestiegen sind.

In der Schweiz wurden im Jahr 2020 rund 2,3 Millionen Wohnungen vermietet. Das ergab bei einem Gesamtbestand von 3,9 Millionen als Hauptwohnsitz genutzten Wohnungen einen Anteil von 61%. Davon gehörten etwa 47% Privatpersonen, 34% anderen Investoren wie Pensionskassen und Versicherungen, 7,5% Wohnbaugenossenschaften, 7% Bau- und Immobilienfirmen sowie 4,5% der öffentlichen Hand. 5.4

Seit 2000 haben Privatpersonen etwa 10% Marktanteil verloren, Aktiengesellschaften, Pensionskassen und andere Investoren rund 10% gewonnen. Diese Verschiebung könnte auch Auswirkungen auf die Funktionsweise des Mietwohnungsmarktes haben. Grössere Investoren könnten ihre Immobilienportfolios gezielter bewirtschaften und umfassende Renovationen früher ausführen. Zahlen des BfS zeigen dagegen, dass private Eigentümer leicht höhere Mieten verlangen als Immobiliengesellschaften und Pensionskassen.[41]

Nutzungskosten

Die Marktmiete wird auf Basis von Angebot und Nachfrage bestimmt. Damit kann die «korrekte» Marktmiete nicht technisch und objektiv bestimmt werden. Allerdings lassen sich die Elemente, die im Gleichgewicht in die Marktmiete einfliessen sollten, auf Basis einer einfachen Formel für die Nutzungskosten darstellen. Die Nutzungskosten setzen sich aus den Finanzierungskosten und den Unterhaltskosten zusammen:[42]

$$NK = nk \cdot P = (i + rp - \dot{p} + uk) \cdot P \qquad \text{5a}$$

NK sind die Nutzungskosten, *nk* die Nutzungskosten in Prozent und *P* der Preis der Immobilie. Die prozentualen Nutzungskosten *nk* setzen sich zusammen aus dem nominalen Zins auf risikolosen Anlagen *i*, einer Risikoprämie *rp* für Anlagen mit den Risiko-Rendite-Eigenschaften der entsprechenden Immobilie, der Preisänderung der Immobilie und den Unterhaltskosten *uk*, alle in Prozent. Bei den Unterhaltskosten sollten auch die Abschreibungen berücksichtigt werden. Eine Immobilie ist in der Praxis zwar eine sehr langlebige Investition, sie wird aber auch bei regelmässigen Erneuerungsinvestitionen nicht für alle Ewigkeit erhalten bleiben. Die Rendite auf dem eingesetzten Kapital muss deshalb zusätzlich die entsprechende Abschreibung finanzieren.

Die Preisänderungen sollten sich ex ante und im langfristigen Durchschnitt mit der Inflation plus einem Trendfaktor *d* entwickeln, der den Einfluss der real steigenden Bodenpreise reflektiert:

$$\dot{p} = Inflation + d \qquad \text{5b}$$

41 Fourcade (2022).
42 Ursprünglich wurde die Formel von Poterba (1984) für Wohneigentum entwickelt. Die folgende Diskussion beruht auf Bodmer und Borner (2015).

5.3 Reale Mieten und Einkommen pro Kopf, 1970-2021

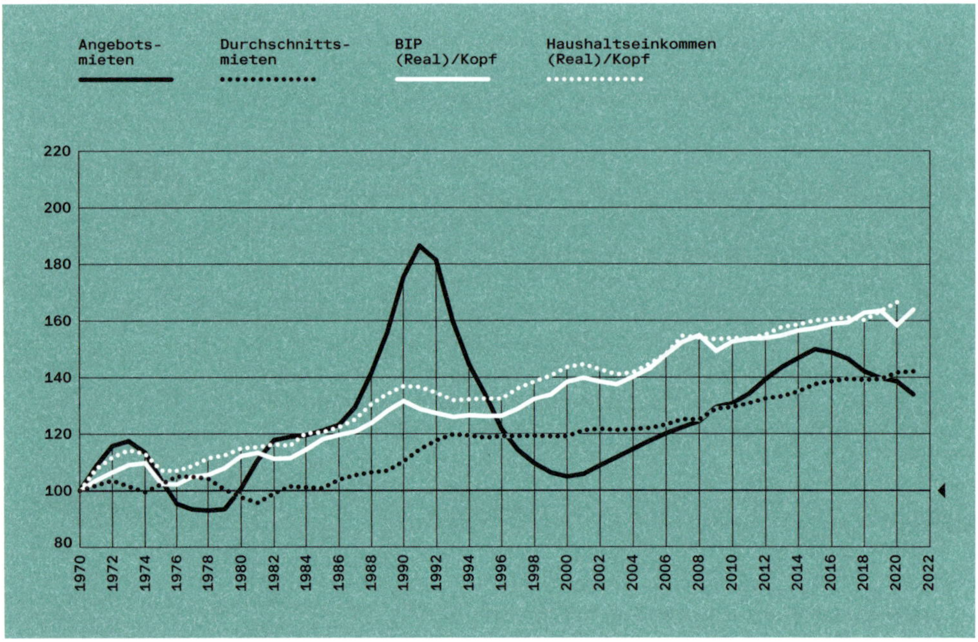

Eigene Berechnungen auf Basis von Daten der SNB, des BfS und Ritzmann-Blickenstorfer (1996); Zahlen normalisiert auf 1970 = 100

Die durchschnittlichen Wohnungsmieten sind seit 1970 im Vergleich zu anderen Konsumgütern zwar deutlich teurer geworden. Das Wachstum lag aber unter demjenigen von BIP und Haushalteinkommen pro Kopf.

5.4 Mietwohnungen nach Eigentümertyp, 2000/2021

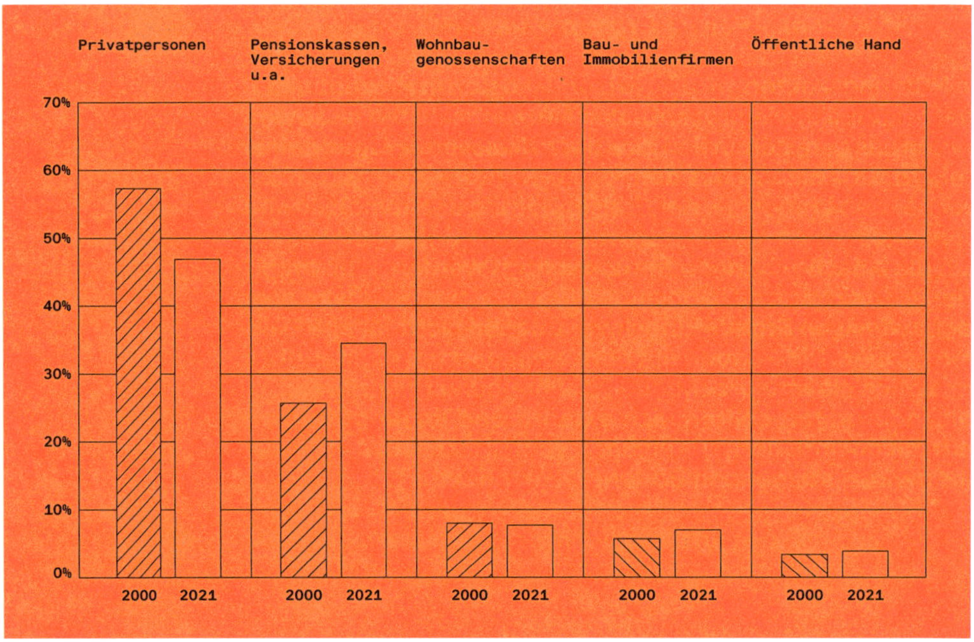

BfS; Zahlen für 2000 aus BfS (2018)

Fast die Hälfte der Schweizer Mietwohnungen ist nach wie vor im Eigentum von Privatpersonen. In den letzten zehn Jahren ist der Anteil von Immobiliengesellschaften und Pensionskassen aber stark gestiegen.

Langfristig setzt sich die nötige Verzinsung damit aus der Summe von Realzins auf risikolosen Anlagen (r) und einer Risikoprämie (rp) zusammen und wird durch die erwarteten realen Wertsteigerungen der Immobilie (d) reduziert.

$$NK = nk \cdot P = (r + rp - d + uk) \cdot P \quad \text{5c}$$

Erhöhen sich die Immobilienpreise real, repräsentiert in *Gleichung 5c* durch d, so wird die auf Basis von Verzinsung plus Risikoprämie benötigte Rendite reduziert. Ein Teil der Rendite entsteht nämlich durch die Wertsteigerung der Immobilie.

Die Finanzierungskosten für Fremdkapital fliessen nicht separat in die Berechnung ein. Vielmehr muss aus ökonomischer Sicht das gesamte eingesetzte Kapital verzinst werden, da das eingegangene Risiko durch die Höhe des eingesetzten Kapitals bestimmt wird, ungeachtet dessen, ob es mit Fremd- oder mit Eigenkapital finanziert wird. Auch historische Anschaffungskosten spielen bei der Bestimmung der Nutzungskosten keine Rolle. Relevant ist vielmehr der aktuelle Marktpreis, da eine Wahl zwischen Vermietung und Verkauf besteht. Mit anderen Worten bestimmt der Marktpreis die Opportunitätskosten.

Rendite und Marktmiete

Im Gleichgewicht stehen Bruttomiete und Nutzungskosten in einer engen Beziehung. Der Eigentümer einer Mietliegenschaft erhält die Bruttomiete und die Wertsteigerungen aus der Liegenschaft. Mit diesem Einkommen muss er eine angemessene Rendite auf dem eingesetzten Kapital erzielen und die Unterhaltskosten inklusive Abschreibungen finanzieren. Da ein Verkauf möglich ist, entsprechen die Opportunitätskosten auf dem eingesetzten Kapital dem aktuellen Marktpreis der Immobilie. Bruttomiete (M_{Brutto}) plus Wertveränderung (WV) sollten damit der Rendite auf dem eingesetzten Kapital plus Unterhaltskosten entsprechen:

$$M_{Brutto} + WV = (i + rp + uk) \cdot P \quad \text{5d}$$

Setzt man für die Wertsteigerung wieder die Summe von Inflation plus Trend bei den Immobilienpreisen aus *Gleichung 5c* ein, ergibt sich für die Bruttomiete:

$$M_{Brutto} = (r + rp - d + uk) \cdot P \quad \text{5e}$$

Mit anderen Worten sollte die Bruttomiete gleich dem Realzins plus Risikoprämie auf dem eingesetzten Kapital sein, minus der Wertsteigerung und zuzüglich der Unterhaltskosten. Für die Nettomiete werden die Unterhaltskosten abgezogen.

$$M_{Netto} = (r + rp - d) \cdot P \quad \text{5f}$$

S.32

Dies entspricht der Kapitalisierungsformel *3c* aus *Kapitel 3*, mit dem Term ($r + rp - d$) anstelle der Rendite R. Diese Gleichung ist nicht dahingehend zu interpretieren, dass die Marktmiete auf Basis der aktuellen

Zahlen für Rendite, Nutzungskosten und Preise bestimmt werden kann. Vielmehr wird die Marktmiete über Angebot und Nachfrage bestimmt. Steigt die Marktmiete, steigt der Wert der Liegenschaft (siehe *Kapitel 3*). Eine Verdoppelung der Nettomiete sollte dabei zu einer Verdoppelung der Immobilienpreise führen, falls es zu keinen weiteren Änderungen kommt. Besteht in *Gleichung 5f* mit der Marktmiete auf der linken Seite ein Ungleichgewicht, so sollte sich in einem freien Mietmarkt die rechte Seite über eine Anpassung des Preises oder der erwarteten Rendite verändern, nicht aber die linke Seite über eine Anpassung der Miete. Mit anderen Worten bestimmt die Marktmiete den Wert der Liegenschaft, und nicht umgekehrt.

S. 29

In den letzten zwanzig Jahren war die Rendite auf direkten Immobilienanlagen sehr hoch. So haben die Beratungsunternehmen IAZI und Wüest Partner für die Jahre zwischen 2009 und 2018 eine jährliche Nettorendite von rund 6 % errechnet, die sich aus einer Netto-Cashflow-Rendite aus Mietzinseinnahmen von rund 3,5 % und einer Wertveränderung der Immobilien von rund 2,5 % zusammensetzte.[43]

Systeme der Mietzinsregulierung

Es kann zwischen strikten und gemässigten Systemen der Mietzinsregulierung unterschieden werden.[44] In strikten Systemen bestehen keine oder stark eingeschränkte Möglichkeiten, die Mieten aufgrund aktueller Marktverhältnisse oder der Inflation anzupassen. Speziell strikt sind Systeme, die diese Einschränkungen auch bei neuen Mietverhältnissen durchsetzen. Kündigungen sind in strikten Systemen zudem nur in sehr wenigen Ausnahmefällen möglich, da sonst die Mietzinsregulierung unterlaufen werden könnte. Strikte Systeme führen zu Mieten deutlich unter dem Marktniveau. Lediglich bei Neubauten ist während einer gewissen Zeit eine Marktmiete möglich, die aber ebenfalls durch die Inflation entwertet wird. Dadurch geht der Anreiz verloren, bestehende Wohnungen auf dem Mietwohnungsmarkt anzubieten oder neue Mietwohnungen zu erstellen. Als Folge verliert der Mietmarkt mit der Zeit an Bedeutung. Die Preiserhöhungen konzentrieren sich auf den wachsenden Eigentumsmarkt. Mietimmobilien werden oft einem schleichenden Zerfall überlassen.[45]

43 Schäfer (2019).

44 Diese Klassifikation stammt von Downs (1996). Arnott (1995) unterscheidet dagegen zwischen Systemen erster, zweiter und dritter Generation. Bei Systemen erster Generation, eingeführt während der Weltkriege, wurden die Mieten auf das Niveau zu Kriegsbeginn eingefroren. Nach den Weltkriegen wurden Anpassungen jeweils wieder bis zu einem gewissen Grad möglich, die Mieten blieben in der Regel aber unter dem Marktniveau. Solche Systeme haben in einigen Ländern bis in die Gegenwart überlebt und können in der Regel als strikt bezeichnet werden. Systeme dritter Generation regulieren nur noch die Mieten bestehender Mieter, können in diesem Teilbereich aber ebenfalls erhebliche Auswirkungen haben.

45 In Ländern mit strikten Systemen schrumpft der Mietmarkt, da kein neues Angebot bereitgestellt wird. Beispiele wären Grossbritannien oder Spanien vor Einführung von Reformen. In gemässigten Systemen bleibt ein funktionierender Mietmarkt dagegen erhalten. Die internationale Erfahrung mit Mietzinsregulierung wird beispielsweise in Arnott und Mintz (1987), Balchin (1996), Bodmer und Borner (2015) oder Kholodilin (2022) diskutiert.

In strikten Systemen beruht der Mietzins auf historischen Werten. Wertsteigerungen, die zum Beispiel durch eine höhere Nachfrage entstehen können, rechtfertigen dabei keine Mietzinserhöhungen. Deklariertes Ziel solcher Systeme ist es in der Regel, günstige Wohnungen für Haushalte mit tiefen und mittleren Einkommen bereitzustellen. Allerdings handelt es sich dabei um ein sehr unscharfes Instrument, da Haushalte mit hohen Einkommen ebenfalls profitieren können. Möglicherweise werden auch grundsätzliche Umverteilungsziele verfolgt, wie eine Reduktion der Einkommen aus Immobilien oder eine Reduktion der Bodenrente.

In gemässigten Systemen gelten die Einschränkungen dagegen nur für einzelne Bereiche und haben geringe Auswirkungen auf die Funktionsweise des Mietmarktes. Beispielsweise zielt eine Einschränkung von Mietzinserhöhungen für laufende Verträge auf den Schutz von bisherigen Mietern. Motiv kann ihre schwache Verhandlungsposition sein. Ein Umzug verursacht erhebliche Kosten monetärer und anderer Natur. Kontakte gehen verloren, möglicherweise wird ein Schulwechsel für die Kinder nötig. Vermieter könnten diese Schwäche ausnützen und ungerechtfertigt hohe Mieten verlangen. Wie stark dies in der Praxis der Fall wäre, ist allerdings umstritten. So wurden auch in verschiedenen nicht regulierten Märkten nur begrenzte Mietzinserhöhungen festgestellt.[46] Vermieter haben in der Regel ebenfalls ein Interesse an langfristigen Mietverhältnissen, da sie mit tieferen Kosten verbunden sind.

Mietzinsregulierung in der Schweiz

Die Schweiz führte in den beiden Weltkriegen Regeln zum Kündigungsschutz und zur Beschränkung von Mietzinserhöhungen ein, wie viele andere Länder auch.[47] Im Ersten Weltkrieg gab das Mietnotrecht den Kantonsregierungen die Kompetenz, Bestimmungen zum Schutze der Mieter vor Mietzinserhöhungen und Kündigungen zu erlassen. Diese und andere Bestimmungen wurden 1926 wieder aufgehoben. Ab 1936 trat ein neues Mietnotrecht in Kraft, das erst in den 1960er-Jahren aufgehoben wurde. Ab 1936 mussten Mieterhöhungen vom Eidgenössischen Volkswirtschaftsdepartement bewilligt werden. Die Mietzinskontrolle wurde 1939 verschärft und auch nach dem Zweiten Weltkrieg aufrechterhalten, da ein Mangel an Wohnungen bestand. 1949, 1954 und 1957 wurden Mietzinserhöhungen von zuerst 10 %, dann zweimal 5 % erlaubt, mit dem Ziel, die aufgelaufene Geldentwertung zu kompensieren. In den 1960er-Jahren wurde die Mietzinskontrolle schrittweise in eine Mietzinsüberwachung überführt. Diese wurde 1970 aufgehoben, mit dem Ziel, im Wohnungsmarkt wieder allein den Markt spielen zu lassen.

Diese Aufhebung fiel allerdings in eine Phase stark steigender Mieten, was den Gesetzgeber schnell veranlasste, neue Regeln einzuführen.

46 Siehe Goodman und Kawai (1985), Marshall and Guasch (1986) und Arnott (2003).

47 Die Ausführungen zur Geschichte des schweizerischen Mietrechts folgen Rohrbach (2012); siehe dazu auch Hausmann (2016).

1972 wurde ein neuer Artikel in die Bundesverfassung aufgenommen, der den Bund ermächtigte, in Gebieten mit Wohnungsnot «Bestimmungen gegen missbräuchliche Mieten» zu erlassen. Im Jahre 1986 wurde die Einschränkung auf Gebiete mit Wohnungsnot aufgehoben, neu konnten die Mietzinsen in der gesamten Schweiz reguliert werden. Die konkreten Bestimmungen wurden anfänglich in einem Bundesbeschluss geregelt und 1990 in das neue Mietrecht überführt. Die aktuellen Regeln zur Mietzinsregulierung entsprechen mehr oder weniger denjenigen des Bundesbeschlusses von 1972.[48]

Grundziel des Mietrechts ist die Verhinderung von «missbräuchlichen» Mietzinsen. Das Obligationenrecht enthält eine Reihe von Kriterien, wann Mietzinse bzw. Mietzinsänderungen missbräuchlich sind. So werden Mietzinse als missbräuchlich bezeichnet, wenn sie einen übersetzten Ertrag erlauben oder auf einem übersetzten Kaufpreis beruhen (Art. 269 OR). Nicht missbräuchlich sind dagegen Mietzinse, die orts- oder quartierüblichen Mieten entsprechen, durch Kostensteigerungen oder Mehrleistungen des Vermieters gerechtfertigt sind oder die Teuerung auf dem risikotragenden Kapital ausgleichen (Art. 269a OR).

Der Mieter hat zudem die Möglichkeit, den Anfangsmietzins in einem frisch unterzeichneten Vertrag als missbräuchlich im Sinne der Art. 269 und 269a anzufechten, dies aufgrund einer persönlichen oder familiären Notlage, der aktuellen Lage auf dem Markt oder eines im Vergleich zum Vormieter erheblich erhöhten Mietzinses (Art. 270 OR). Gemäss Bundesgerichtsentscheid erlaubt die «aktuelle Lage auf dem Markt» dann eine Anfechtung, wenn die Leerstandsquote weniger als 1,5 % beträgt. Und ein Mietzins gilt laut Bundesgericht als «erheblich erhöht», wenn er mehr als 10 % über der Miete des Vormieters liegt.

Kostenmiete nach Obligationenrecht

Das schweizerische Mietrecht enthält verschiedene Kriterien für die Bestimmung der Missbräuchlichkeit des Mietzinses, die sich teilweise widersprechen. Einerseits enthält es sowohl Markt- als auch Kostenelemente. Andererseits spezifiziert es sowohl Regeln, die ein korrektes Mietzinsniveau definieren («absolute» Kriterien), als auch solche, die angemessene Mietzinsänderungen definieren («relative» Kriterien). Die relative Methode regelt die Anpassungen bei bestehenden Mietverhältnissen. Bei der absoluten Methode wird das Niveau der Miete beurteilt, sie kommt deshalb vor allem bei neuen Mietverhältnissen zur Anwendung.

Die Gesetzesregeln werden in der Verordnung über die Miete und Pacht von Wohn- und Geschäftsräumen (VMWG) näher erläutert. Die Orts- und Quartierüblichkeit soll auf Basis von Wohnungen mit vergleichbarer Lage, Grösse, Ausstattung, Zustand und Bauperiode beurteilt werden (Art. 11 VMWG). Erhöhungen der Hypothekarzinsen, Gebühren

48 Darstellungen des Mietrechts aus ökonomischer Sicht finden sich in Lambelet und Zimmermann (1991), Jäger und Bühler (1996), von Ungern Sternberg (1997) oder Cuennet et al. (2002); aus juristischer Sicht in SVIT (2008) oder Oberle und Sommer (2011).

und Steuern, Versicherungsprämien und Unterhaltskosten gelten als zulässige Kostensteigerungen (Art. 12 VMWG). Für den Hypothekarzins ist nicht der effektiv bezahlte Zins, sondern der sogenannte Referenzzinssatz relevant, der vom Bundesamt für Wohnungswesen vierteljährlich berechnet wird und auf einem nach Volumen gewichteten Durchschnitt aller Hypothekarzinsen beruht.

Bei der absoluten Methode bestehen zwei mögliche Verfahren, nämlich die Bestimmung über die zulässige Rendite und die Bestimmung über die Orts- und Quartierüblichkeit. Beim ersten Verfahren werden zulässige Werte für die Rendite und die Anschaffungspreise zugrunde gelegt, beim zweiten ist im Prinzip eine Anpassung an die «übliche» Miete möglich. Dabei handelt es sich allerdings nicht immer um eine Marktmiete, da die orts- und quartierüblichen Mieten sowohl von der Regulierung als auch von der Dauer der Mietverhältnisse beeinflusst sein können. Zudem muss die Orts- und Quartierüblichkeit laut Bundesgericht auf Basis von fünf vergleichbaren Objekten bestimmt werden. Hier ist entscheidend, wer die Beweislast erbringen muss, da die entsprechenden Informationen nicht öffentlich zugänglich sind. Seit Kurzem lässt das Bundesgericht den Gebrauch von Statistiken zu, auch wenn ihnen das nötige Detail fehlt – in diesem Fall können Gerichte die notwendigen Anpassungen vornehmen.[49] Vor einigen Jahren fand faktisch eine Umkehr der Beweislast zum Vermieter statt, die in einem kürzlichen Urteil allerdings etwas gemildert wurde.[50]

Bei der Bestimmung der zulässigen Rendite durfte lange Zeit die Bruttorendite, d. h. die Rendite auf den Erstellungskosten vor Abzug der Unterhaltskosten, maximal 2 Prozentpunkte über dem Referenzzinssatz liegen, die Nettorendite maximal 0,5. Die Bruttorendite ist für neue Objekte massgebend, da die effektiven Unterhaltskosten noch nicht bekannt sind. Beim Ende 2022 gültigen Referenzzinssatz von 1,25 % ergäbe das eine Nettorendite von 1,75 %. In einem kürzlichen Urteil hat das Bundesgericht die zulässige Nettorendite aufgrund der ausserordentlich tiefen Zinsen auf 2 Prozentpunkte über dem Referenzzinssatz erhöht, dies solange der Referenzzinssatz 2 % oder weniger beträgt.[51] Bei einer Handänderung ist der neue Einstandspreis relevant, falls er nicht überhöht ist, was wiederum über die Orts- und Quartierüblichkeit bestimmt wird.

Sichtbarste Folge der schweizerischen Mietzinsregulierung sind die Anpassungen der Mieten nach relativer Methode, die sich aufgrund von Änderungen des Referenzzinssatzes und der Inflation ergeben. Die Kostenformel basiert auf einem standardisierten Finanzierungsmodell mit einem Anteil der Finanzierungskosten von 70 %, wovon 40 % aus Eigenkapital stammen, und einem Anteil der Unterhaltskosten von 30 % der Bruttorendite. Art. 13 VMWG gibt direkt die aus diesem Modell folgenden zulässigen Anpassungen der Bruttomiete vor. Eine

49 BG-Urteil 4A_554/2021 vom 2. Mai 2022.

50 Grundsätzlich unterliegt die Beweislast der klagenden Partei, d. h. bei einer Anfechtung dem Mieter. Nach BGE 139 III 13 vom 6. Dezember 2012 reicht es aber bereits, wenn der Mieter dafür Indizien wie eine starke Erhöhung der Miete beibringt. Das BG-Urteil 4A_183/2020 vom 6. Mai 2021 weist diese Pflicht dem Mieter zu, wenn der Vermieter aufgrund von Indizien wie Privatgutachten oder inoffiziellen Statistiken darlegen kann, dass die erhöhte Miete orts- und quartierüblich ist.

51 BG-Urteil 4A_554/2019 vom 26. Oktober 2020.

Hypothekarzinserhöhung von 0,25 % berechtigt danach zu einer Mietzinserhöhung um höchstens 2 % bei Hypothekarzinssätzen von mehr als 6 %, höchstens 2,5 % bei Hypothekarzinssätzen zwischen 5 % und 6 % und höchstens 3 % bei Hypothekarzinssätzen von weniger als 5 %. Die Inflation kann zu 40 %, dem angenommen Anteil des Eigenkapitals, auf die Nettomiete überwälzt werden. Bei den Unterhaltskosten kann die effektive Veränderung verrechnet werden.

Es werden damit neben den effektiven Unterhaltskosten (UK) der nominale Referenzzinssatz (i_{Ref}), der zulässige Renditeaufschlag auf den Zins (i_{Auf}) und ein um die Auswirkungen der Inflation auf das Eigenkapital angepasster Einstandspreis $(P_{Ein(ang.)})$ zugrunde gelegt:

$$M_{Brutto(reguliert)} = (i_{Ref} + i_{Auf}) \cdot P_{Ein(ang.)} + UK \quad \text{5g}$$

Dagegen basiert die Bestimmung der Marktmiete gemäss *Gleichung 5d* auf Realzinsen und Marktpreisen. Langfristig sollten die Mieter von der Anwendung der Kostenformel *5g* profitieren, da sie nur denjenigen Teil der Wertsteigerungen berücksichtigt, welcher der Geldentwertung auf dem Eigenkapital entspricht. Bei Zinserhöhungen kann allerdings das Gegenteil passieren. Die erhöhten Kosten des Fremdkapitals werden im Kostenmodell nämlich einmalig – bei der Zinserhöhung – kompensiert. Ökonomisch korrekt wäre dagegen eine langsame, laufende Erhöhung der Miete, welche die Entwertung der Miete reflektiert, unter Annahme eines konstanten Realzinssatzes.

Steigt der Referenzzinssatz aufgrund von Inflation oder einer restriktiveren Geldpolitik beispielsweise von 2,5 % auf 5 %, erhöht sich die zulässige Nettorendite nach absoluter Methode von 3 % auf 5,5 %, eine Erhöhung um 83 %. Nach relativer Methode ist eine Mietzinserhöhung von 30 % zulässig. Zum Zeitpunkt der Zinserhöhung droht den Mietern damit ein eigentlicher Mietzinsschock.[52] An diesem Problem ändert auch ein langsamerer, über ein paar Jahre verteilter Anstieg der Zinsen nur wenig. In den Folgejahren reduziert die Inflation den Realwert der Miete zwar, allerdings kann eine solche Anpassung sehr lange dauern.

Einschätzung der schweizerischen Mietzinsregulierung

Das schweizerische System ist widersprüchlich und damit nur schwer einzuordnen. Es enthält sowohl Markt- als auch Kostenelemente, wobei die Trennung im Gesetz nicht klar geregelt ist. In der Praxis funktionierte es bisher wie ein gemässigtes System, wobei die real bestehende Flexibilität von verschiedener Seite unter Druck ist.[53] Da das System widersprüchlich ist, spielen Gerichtsentscheide eine wichtige

52 Analysiert in von Ungern Sternberg (1997) oder Bodmer und Borner (2015).
53 Werczberger (1997) stuft das schweizerische System mit seinem Anpassungsmechanismus für bestehende Mieten und der unvollständigen Flexibilität bei Mieterwechseln als ein flexibles System zweiter Generation ein. Die Experten der OECD kritisieren die mangelnde Flexibilität für Mieten bei Mieterwechseln (OECD [2009, 2013]) und weisen auf die unklare Bedeutung der Orts- und Quartierüblichkeit in einem Markt mit regulierten Mieten hin.

Rolle. Die Entscheide des Bundesgerichts beziehen sich dabei auf einzelne Fälle. Wie sich die kürzlichen Entscheide zur Anfechtung des Anfangsmietzinses insgesamt auswirken, ist damit im Moment noch offen.

Grundsätzlich muss aber jedes System, das widersprüchliche Elemente enthält, aufgrund fehlender Rechtssicherheit als problematisch bezeichnet werden. Dazu kommen bei der Kostenmiete Regeln, die aus ökonomischer Sicht nicht korrekt sind. Sowohl die absolute als auch die relative Methode kann zu erheblichen Abweichungen der regulierten Mieten von den Marktmieten führen, nicht immer zugunsten des Mieters. Nicht zuletzt kann eine Fehlallokation von Wohnraum die Folge sein (sogenannte Mismatch-Effekte). Langjährige Mieter erhalten bei zu tiefen Mieten einen starken Anreiz, in ihren Wohnungen zu bleiben, auch wenn diese zu gross sind oder anderweitig nicht mehr ihren Bedürfnissen entsprechen.[54] Weiter können sich aufgrund des Kostenmodells Probleme bei der Geldpolitik ergeben.[55]

Trotz den grundsätzlichen Mängeln der Regulierung funktioniert der schweizerische Wohnungsmarkt insgesamt nach wie vor gut.[56] Das zeigt nicht zuletzt der weiterhin hohe Anteil der Mieter. Dieses Funktionieren dürfte vor allem der Möglichkeit zu einer Anpassung der Mieten bei Mieterwechseln zu verdanken sein.[57] Diese Möglichkeit widerspricht zwar den Kostenelementen der Regulierung. Sollte dieses Ventil aber geschlossen werden, droht sich das schweizerische System in ein striktes System der Mietregulierung zu verwandeln. Die negativen Konsequenzen sind aus anderen strikten Systemen bekannt: ein Versiegen des Neubaus und eine mangelnde Instandhaltung der Immobilien, mit einem kontinuierlichen Bedeutungsverlust des privaten Mietmarktes.

Die sehr hohen Renditen auf Immobilienanlagen der letzten Jahre sind der Mieterseite ein Dorn im Auge. Zu den hohen Renditen hat sicherlich auch die fehlende Anpassung der Mietzinse an den sinkenden Referenzzinssatz beigetragen, der in den letzten Jahren bei vielen Mietverhältnissen zu beobachten war und zu grosser Kritik geführt hat.[58] Es bleibt abzuwarten, wie die Anpassung der Mieten bei steigenden Zinsen ausfallen wird. Fehlende Anpassungen nach oben könnten die fehlenden Anpassungen nach unten kompensieren.

54 Dies wurde von Glaeser und Luttmer (2003) für amerikanische Städte gezeigt. Für die Schweiz ist eine empirische Untersuchung von Mismatch-Effekten nicht möglich, da die nötigen Daten fehlen. Tiefere Mieten für länger dauernde Mietverhältnisse stellen allein noch keine Evidenz für die Auswirkungen der Mietzinsregulierung dar, sondern können sich – wie oben ausgeführt – aufgrund der Langfristigkeit der Verträge ergeben (siehe Bodmer und Borner [2015] für eine Diskussion).

55 Mit steigenden Zinsen versucht die Notenbank die Wirtschaft abzukühlen und die Inflation zu senken. Aufgrund der Kostenmiete ergibt sich bei den Wohnkosten, einem wichtigen Teil der Konsumentenpreise, dagegen der gegenteilige Effekt, nämlich eine Erhöhung. Umgekehrt können Zinssenkungen eine Deflation bei den Konsumentenpreisen noch verstärken (Zumstein [1991] oder Stalder [2003]).

56 Abgesehen insbesondere von Genf, wo strengere Regeln zur Anwendung kommen (Salvi [2015]).

57 Wie beispielsweise von Baumberger (2013) argumentiert.

58 Siehe zum Beispiel hier: www.srf.ch/news/schweiz/schweizer-mietgesetz-zu-hohe-mieten-muss-der-staat-fuer-ordnung-sorgen [abgerufen am 29.9.2022].

Steigende Mieten und Immobilienpreise sind per se noch kein Indiz für Probleme, die über eine allgemeine Mietzinsregulierung nachhaltig gelöst werden können. Vielmehr sind sie das Resultat der zunehmenden Nachfrage nach Wohnraum, die bei knappem Boden zu steigenden Bodenpreisen und damit letztlich auch zu steigenden Mieten führt.[59] In den letzten Jahren wurde die Situation dadurch entschärft, dass viel gebaut wurde und ein ausreichend grosses Angebot vorhanden war. Das könnte sich bei einer Reduktion der Neubautätigkeit allerdings schnell ändern.

Im Moment ist die allgemeine Zufriedenheit mit dem Mietrecht trotz der genannten Probleme gross.[60] Entsprechend wenig politische Unterstützung geniessen Vorschläge zu einer Reform des Mietrechts. So war eine Indexierung der Bestandesmieten an den Konsumentenpreisindex bisher ebenso chancenlos wie die breitflächige Durchsetzung der Kostenmiete.[61] Und kürzlich wurde ein weiterer Anlauf zu einer Reform frühzeitig abgebrochen: Die Diskussionen des Bundes mit den Sozialpartnern zum Thema Mietrecht wurden eingestellt.[62]

59 Siehe dazu auch Balastèr (1989).
60 GFS (2021); weniger zufrieden mit dem System sind laut Studie die Interessenvertreter von Mieter- und Eigentümerseite.
61 Hausmann (2016, Kapitel 19 und 20) diskutiert verschiedene Reformmodelle.
62 www.bwo.admin.ch/bwo/de/home/das-bwo/informationen/medienmitteilungen.msg-id-90253.html [abgerufen am 29.10.2022].

Wohneigentum

6

Wohneigentum wird von den meisten Schweizerinnen und Schweizern nach wie vor als erstrebenswert erachtet.[63] Ein Haus oder eine Wohnung in Eigentum erlaubt sehr viel mehr Spielraum bei der Gestaltung des Wohnraums und der Umgebung, eine Beteiligung an den Wertsteigerungen und eine höhere Stabilität bei der Wohnsituation. Die Motive für Wohneigentum sind damit nicht nur pekuniärer Natur. Trotz des breiten Wunsches nach Eigentum bleibt die Miete aber die dominante Wohnform. Die Schweiz weist im internationalen Vergleich eine sehr tiefe Wohneigentumsquote auf. Es fragt sich, was die Gründe für diese tiefe Quote sind und ob sie ein Problem darstellt, das mit staatlicher Förderung korrigiert werden sollte.

Die staatliche Förderung von Wohneigentum kann über finanzielle Erleichterungen für den Erwerb oder für die Nutzung erfolgen. Die Schweiz kennt keine direkten Massnahmen zur Förderung des Erwerbs, nachdem vor einigen Jahren zwei Bausparinitiativen in Volksabstimmungen gescheitert sind. Die Förderung erfolgt hauptsächlich über steuerliche Mechanismen. Hier kennt die Schweiz ein im internationalen Vergleich wenig übliches System mit einer Besteuerung des Eigenmietwertes und weitgehenden Abzugsmöglichkeiten für Zinsen und Unterhaltskosten. Während dieses System netto immer noch eine Förderung von Wohneigentum darstellt, fällt die Förderung doch schwächer aus als in vielen anderen Ländern.

Für die tiefe schweizerische Wohneigentumsquote dürfte es aber noch andere Gründe geben. Nicht zuletzt verfügt die Schweiz über einen funktionierenden Mietwohnungsmarkt, der vielen Haushalten eine Bleibe von ausreichender Qualität und zu angemessenen Kosten

63 Laut einer Umfrage von Financescout24 vom Sommer 2021 wünschen sich 90 % der Schweizerinnen und Schweizer im Alter zwischen 18 und 79 Jahren ein Eigenheim: www.swissinfo.ch/ger/schweizer-wollen-wohneigentum---koennen-es-sich-aber-nicht-leisten/46747694 [abgerufen am 29.9.2022].

ermöglicht. Dazu kommt eine gut ausgebaute Altersvorsorge, die einen Immobilienerwerb aufgrund dieses Motivs unnötig macht. Die Preissteigerungen der letzten Jahre führten zudem zu neuen Hindernissen beim Erwerb von Wohneigentum. Die Vorgaben zur Tragbarkeit bei der Vergabe von Hypotheken sind in der Schweiz sehr streng und ergeben zusammen mit den hohen Preisen eine für viele Haushalte unüberwindbare Hürde.

Bewohnertyp: Miete, Eigentum, Genossenschaft

Der Anteil der Haushalte, die Wohneigentum besitzen und selbst bewohnen, gibt immer wieder Anlass zu Diskussionen. Diese Wohneigentumsquote ist in der Schweiz traditionell tief und hat sich in den letzten fünfzig Jahren nur leicht erhöht, nämlich von rund 28 % auf 36 %. 6.1 In den letzten Jahren musste sogar ein erneuter Rückgang verzeichnet werden. Genossenschaften und weitere Wohnverhältnisse machen einen Anteil von rund 6 % aus. Mit rund 58 % bleibt der Mietwohnungsmarkt dominant.

Die Schweiz ist das einzige europäische Land mit einer Wohneigentumsquote von weniger als 50 %. Basierend auf einer etwas anderen Definition weist die Europäische Statistikbehörde (Eurostat) für die Schweiz im Jahre 2018 eine Wohneigentumsquote von 42,5 % aus, für Deutschland sind es bereits 51,5 %, für Österreich 55,5 %. 6.2 Die höchsten Anteile finden sich in den Ländern Ost- und Südosteuropas, eine Folge der Privatisierungen nach dem Ende des Kommunismus.

Vor- und Nachteile von selbstbewohntem Eigentum

Die Vor- und Nachteile von Wohneigentum können in zwei Kategorien eingeteilt werden. Es sind dies einerseits Aspekte, welche die Wohnsituation betreffen, andererseits Aspekte der Vermögensallokation. Bezüglich der Vorteile von Eigentum als Wohnform fällt vor allem die höhere Flexibilität ins Gewicht. Insbesondere bei Einfamilienhäusern ergibt sich ein grosser Spielraum bei der Innen- und Aussenarchitektur. Bei Wohnungen wird dieser Spielraum dagegen durch die vorgegebenen Gebäudestrukturen und die Rechte der anderen Eigentümer eingeschränkt. Zudem entsteht bei Stockwerkeigentum ein zusätzlicher Koordinationsaufwand und damit ein gewisses Konfliktpotenzial, da viele Entscheide zusammen mit den anderen Eigentümern getroffen werden müssen. Im Weiteren reduziert Eigentum das Problem des unsorgfältigen Umgangs mit der Immobilie und erhöht die Stabilität der Wohnsituation, allerdings zum Preis einer reduzierten Mobilität.

Daneben kann Wohneigentum aus Gründen der Vermögensallokation attraktiv sein. Zu den Leistungen der Immobilie in Form des Wohnens kommen Kapitalgewinne hinzu. Wie in den *Kapiteln 2 und 4* S.17 S.39 aufgezeigt, kann aufgrund der Knappheit des Bodens langfristig mit steigenden Immobilienpreisen gerechnet werden. In der mittleren Frist kommt es allerdings zu grossen Preisschwankungen, was das Risiko erhöht. Bei einem günstigen Kaufzeitpunkt kann eine hohe Rendite entstehen, beim Kauf gegen Ende einer Boomphase drohen Verluste.

6.1 Eigentumsquote versus Mietquote, 1970–2020

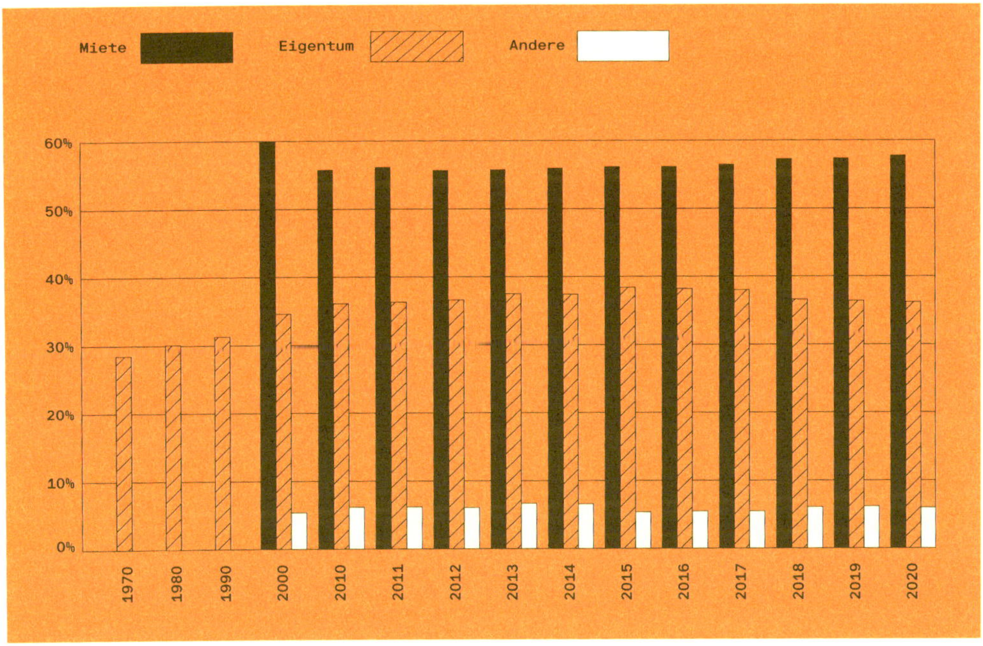

BfS

Die Wohneigentumsquote erreichte 2015 ihren Höhepunkt bei etwa 38 Prozent und ist seither wieder rückläufig, während sich die Mietquote wieder gegen 60 Prozent bewegt. Andere Formen wie Genossenschaften spielen insgesamt nur eine relativ kleine Rolle.

6.2 Wohneigentumsquote im internationalen Vergleich

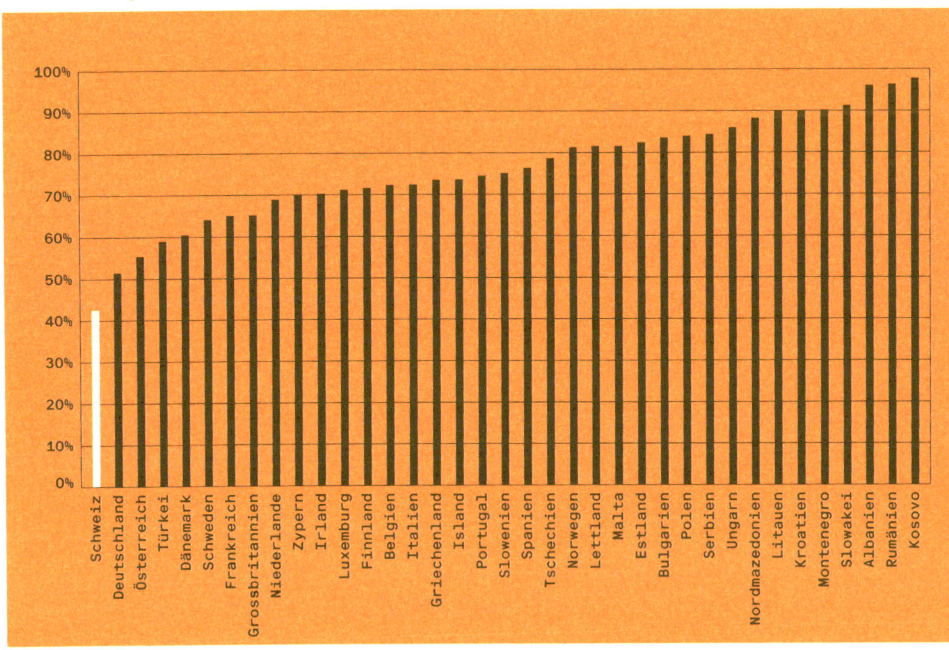

Eurostat; Zahlen nach Definition der Wohneigentumsquote von Eurostat für 2018

Im internationalen Vergleich ist die schweizerische Wohneigentumsquote sehr tief und noch deutlich unter den Werten der Nachbarländer Deutschland und Österreich.

Private Haushalte kaufen die Immobilie in der Regel mit einem hohen Anteil an Fremdkapital. Eine Verschuldung ist bei Immobilien deutlich einfacher, da die Hypothek grundpfandgesichert und damit für den Kreditgeber mit weniger Risiken verbunden ist. Bei steigenden Preisen wird die Rendite auf dem Eigenkapital durch Verschuldung erhöht, bei sinkenden Preisen kann das Eigenkapital dagegen schnell aufgebraucht sein. Es droht das Risiko einer Kündigung der Hypothek durch die Bank, die einen Verkauf der Immobilie zu einem sehr ungünstigen Zeitpunkt nötig machen könnte. Dieses Risiko kann über langfristige Hypotheken reduziert werden, wobei allerdings auch bei laufenden Hypotheken ein Einschuss von zusätzlichem Eigenkapital nötig werden kann. Das Preisrisiko wird zudem durch die typischerweise lange Haltedauer von Immobilien gemildert, da sich die Preisschwankungen über einen langen Zeitraum ausgleichen.

Immobilien können nicht nur wegen der möglichen Kapitalgewinne eine attraktive Form der Vermögensanlage darstellen. Sie sind grundsätzlich zur Aufbewahrung von Ersparnissen in Form von Boden und Baumaterialien geeignet. Diese Form des Sparens ist vor allem dann attraktiv, wenn das Bankensystem unterentwickelt ist und Sparkonten keine ausreichende Sicherheit bieten oder wenn zuverlässige Systeme der Altersvorsorge fehlen. In Phasen mit hoher Inflation bieten Immobilien als reale Güter zudem einen gewissen Inflationsschutz und haben damit Vorteile gegenüber Bargeld, Bankkonten oder Obligationen.[64] All diese Gründe sind im Falle der Schweiz allerdings wenig relevant – aufgrund der gut ausgebauten Altersvorsorge, einem stabilen Bankensystem und einer tiefen Inflation.

Staatliche Förderung und Nutzungskosten für Wohneigentümer

Zwei Systeme der staatlichen Wohneigentumsförderung sind international gebräuchlich. In einem ersten wird der Erwerb einer Immobilie finanziell gefördert, in einem zweiten die Nutzung der Immobilie. In vielen Ländern unterstützen staatliche Subventionen oder Steuererleichterungen den Erwerb von Wohneigentum. Insbesondere das Sparen mit dem Ziel des Erwerbs einer Immobilie wird über Bausparmodelle unterstützt. In der Schweiz können Gelder aus den steuerbefreiten Säulen 2 und 3a für den Erwerb von Wohneigentum genutzt werden. Allerdings handelt es sich dabei nicht um eine spezifische Förderung des Wohneigentums, da die Vorteile allen Sparern und damit auch Mietern zugutekommen.

Eine zweite Gruppe von Massnahmen verbilligt das Halten einer Immobilie, in der Regel über steuerliche Vorteile.[65] Wohnliegenschaften können vom Eigentümer entweder vermietet oder selbst genutzt werden. Der Eigentümer wird dabei die erzielbare Miete mit dem kal-

64 Dieser Inflationsschutz gilt vor allem in der langen Frist. Kommt es gleichzeitig mit der Inflation zu einer Krise am Immobilienmarkt, kann von einer realen Werterhaltung in der kurzen und mittleren Frist keine Rede mehr sein. Dies geschah in den Krisen der 1970er- und der 1990er-Jahre (siehe *Abbildung 4.2*).

65 Siehe dazu Poterba (1984), Poterba und Todd (2008) oder Barrios et al. (2019).

kulierten Wert der Eigennutzung vergleichen. Sollte eine Eigennutzung nicht in Frage kommen, weil die Immobilie nicht den eigenen Präferenzen entspricht oder bereits ein Eigenheim vorhanden ist, so kann die Immobilie an eine Person verkauft werden, die sie selbst nutzen möchte. Die *Gleichung 5c* für die Nutzungskosten kann deshalb für den Fall des Eigentums angepasst werden. Neu werden die Nutzungskosten von der steuerlichen Behandlung und den staatlichen Fördermassnahmen beim Kauf beeinflusst: S.61

$$NK_{Eigentum} = (r + rp - d - dt_{Eigentum} + uk) \cdot (P - S_{Kauf}) \quad \text{6a}$$

Gegenüber einer Vermietung stellen die Steuerbegünstigung *dt* (in Prozent des Preises) und die explizite oder implizite Subvention beim Kauf (S_{Kauf}) die neuen Elemente dar. Eine gegenüber der Vermietung reduzierte Besteuerung oder direkte Subventionierung beim Kauf machen den Verkauf an Eigentümer attraktiver, welche die Immobilie selbst nutzen. Da die Nutzungskosten sinken, können diese einen höheren Preis zahlen.

Auswirkungen der Förderung auf den Wohnungsmarkt

Ohne Förderung des Wohneigentums und unter der Annahme, dass sich die Renditeerwartungen von Eigentümern, welche die Immobilie selbst nutzen, und solchen, welche sie vermieten, nicht unterscheiden, sollten die Nutzungskosten in beiden Märkten gleich hoch sein. 6.3 Die Förderung des Wohneigentums reduziert die Nutzungskosten für Eigenheimbesitzer, erhöht deren Nachfrage und senkt die Nachfrage im Mietwohnungsmarkt. Immobilien werden aus dem Miet- in den Eigentumsmarkt verkauft. Die Angebotskurve im Eigentumsmarkt verschiebt sich nach aussen, diejenige im Mietmarkt nach innen.

Dabei wird die Nachfrage im Eigentumsmarkt stärker steigen, als sie im Mietmarkt sinkt. Aufgrund der tieferen Nutzungskosten wird Wohnen für Eigentümer nämlich billiger, weshalb sie mehr des Gutes Wohnen nachfragen. Auch im Durchschnitt wird Wohnen billiger. Als Folge steigen die Gesamtnachfrage nach Wohnen und die Immobilienpreise. Die Wohnungen der Eigentümer werden grösser, was die Nutzungskosten pro Wohnung erhöht. Ob die Nutzungskosten nach Steuern pro m^2 für Eigentümer sinken oder steigen, hängt vom Ausmass der Verschiebung der Kurven ab. Die Elemente in der ersten Klammer von *Gleichung 6a* bleiben zwar dauerhaft tiefer, dafür steigt der Preis pro m^2. Die Nutzungskosten für Mieter steigen dagegen, da sich die gesamte Wohnnachfrage und damit auch Preise und Mieten erhöhen.

Die Preise sollten sich in den beiden Märkten in der längeren Frist angleichen, da vermietende Eigentümer ihre Immobilien an Selbstnutzer verkaufen können, solange ein Preisunterschied besteht. Die Nachfrage nach Wohneigentum wird so weit steigen, bis keine zusätzlichen Nutzer mehr den Markt wechseln möchten. Bei strengen Eigenmittel- und Tragbarkeitsvorschriften kann das bereits bei einer relativ kleinen Verschiebung der Fall sein. Ein Grossteil der interessierten Mieter wird in diesem Fall daran gehindert, in den Eigentumsmarkt zu wechseln.

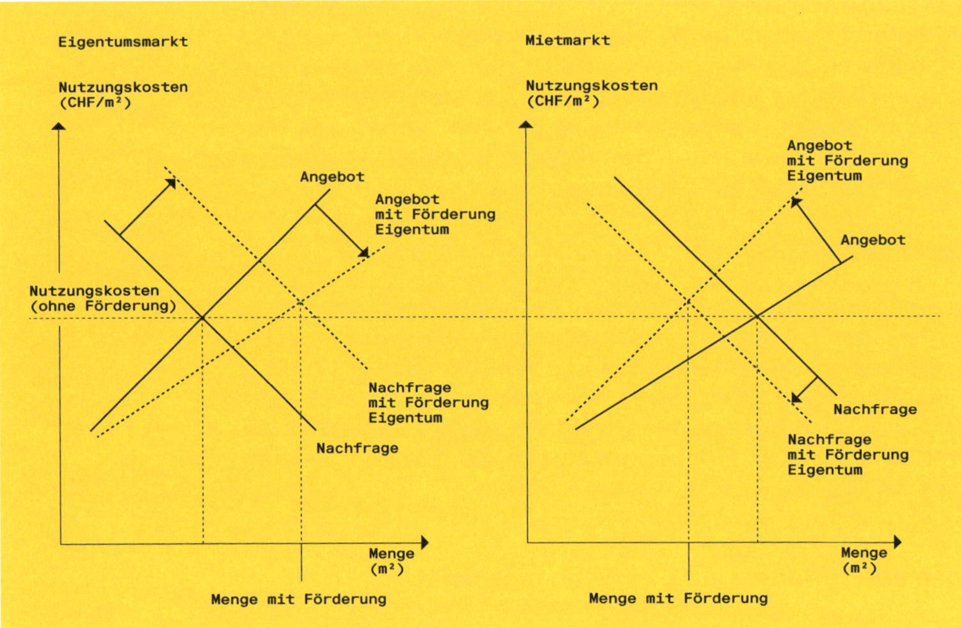

Eigene Darstellung

Der Mietwohnungs- und der Eigentumsmarkt sind miteinander verbunden. Wird Wohneigentum staatlich gefördert, steigt die Nachfrage nach Wohneigentum auf Kosten der Nachfrage von Mietwohnungen. Im Durchschnitt verbilligt die staatliche Förderung das Wohnen, es ist mit einer Erhöhung von Preisen und Mengen zu rechnen.

Kapitalanlagen werden sehr unterschiedlich besteuert, je nachdem wie Ersparnisse, Vermögensbestand und Einkommen aus dem Vermögen besteuert werden. Bei Bankkonten und Obligationen werden in der Schweiz sowohl der Bestand (über die Vermögenssteuer) als auch das Einkommen (über die Einkommenssteuer) belastet. Bei Aktien werden der Bestand und ein Teil des Einkommens besteuert, nämlich die steuerbaren Dividenden. Von der Einkommenssteuer vollständig befreit sind dagegen die Kapitalgewinne auf Aktien. Beim Vermögen der Altersvorsorge in Konten der beruflichen Vorsorge und 3a-Konten werden weder Bestand noch Einkommen besteuert. Zudem sind die Ersparnisse, die in diese Konten fliessen, bis zu einer gewissen Grenze von der Einkommenssteuer befreit.

Für Wohneigentum bestehen grundsätzlich dieselben Möglichkeiten. Wohneigentum untersteht in der Schweiz der Vermögenssteuer. Im Gegensatz zu anderen Vermögenswerten besteht für Wohneigentum allerdings kein objektiver Marktwert, solange es nicht zu einem Verkauf kommt. Deshalb muss der Wert vom Staat geschätzt werden. Selbstgenutztes Wohneigentum ergibt zwar kein monetäres Einkommen. Es entsteht aber Naturaleinkommen in Form von Wohnleistungen, in der Schweiz als Eigenmietwert bezeichnet. Wird dieses Einkommen voll besteuert, so entspricht die Besteuerung von Immobilien derjenigen von nicht steuerbefreiten Kapitalanlagen wie Bankkonten, Obligationen oder vermieteten Immobilien. Auch für diesen Eigenmietwert müssen Schätzungen verwendet werden.

Systeme wie dasjenige der Schweiz, bei welchen Eigenmietwert, Fremdkapitalzinsen und Unterhaltskosten berücksichtigt werden, können als 1–1–1–Systeme bezeichnet werden.[66] Damit entspricht die Besteuerung im Prinzip derjenigen von vermieteten Immobilien. Allerdings wird der Eigenmietwert in der Schweiz nicht vollständig besteuert, weshalb von einem angepassten 1–1–1–System gesprochen werden kann.

Sollte das Naturaleinkommen aus Wohneigentum von der Einkommenssteuer befreit werden, stellt sich die Frage, wie die Gestehungskosten behandelt werden. Normalerweise besteht eine Hypothekarschuld, auf welcher Zinsen fällig werden, dazu kommen Unterhaltskosten. Konsequent wäre es, bei einer Steuerbefreiung des Naturaleinkommens die Gestehungskosten steuerlich ebenfalls zu ignorieren. Solche Systeme können als 0–0–0–Systeme bezeichnet werden, da weder Eigenmietwert, noch Fremdkapitalzinsen und Unterhaltskosten berücksichtigt werden. In einigen Ländern, beispielsweise den USA, wird der Eigenmietwert nicht besteuert, der Abzug von Fremdkapitalzinsen dagegen zugelassen. Das entspricht einem 0–1–0–System.

In einem 0–0–0–System kann sich bei den Hypothekarzinsen ein Abgrenzungsproblem zu anderen Schuldzinsen ergeben. In der Regel müssen Zinseinkommen versteuert werden, womit ein allgemeiner Abzug von Schuldzinsen systemkonform wäre. Wird die Abzugsfähigkeit

66 Diese Terminologie stammt von Baumberger (2000). Laut Barrios et al. (2019, Table 2) haben in Europa neben der Schweiz nur noch die Niederlande ein solches System.

nur bei Hypothekarzinsen auf selbstbewohntem Wohneigentum eliminiert, so besteht ein Anreiz, die übrige Verschuldung auf Kosten der Hypothekarverschuldung zu erhöhen. Insbesondere eine Verschiebung zwischen der Verschuldung des Eigenheims und derjenigen anderer Immobilien erscheint bei einer unterschiedlichen steuerlichen Behandlung als eine attraktive Möglichkeit. Nicht-grundpfandgesicherte Kredite müssen dagegen meist deutlich höher verzinst werden, weshalb eine solche Umschichtung in der Praxis von untergeordneter Bedeutung sein dürfte.

Das schweizerische System

Die Schweiz kennt bei der Besteuerung des Wohneigentums ein angepasstes 1–1–1–System. Der Eigenmietwert wird grundsätzlich besteuert, allerdings nicht vollständig, sondern nur zu 70 % des offiziellen Schätzwerts. Gleichzeitig sind die effektiven Schuldzinsen und die Unterhaltskosten abzugsfähig.[67] Bei Letzteren kann zudem jedes Jahr ein Minimum in der Höhe von 20 % des Eigenmietwertes abgezogen werden, falls dieser Betrag höher ist als die effektiven Unterhaltskosten. In der Praxis besteht noch eine weitere Förderung des Wohneigentums: In vielen Kantonen liegen die Schätzwerte für Wohnimmobilien und damit für den Eigenmietwert deutlich unter den Marktwerten.

Das Ausmass der steuerlichen Förderung hängt ausserdem von der Höhe der Steuerbelastung ab. Höhere Einkommen profitieren im Allgemeinen stärker von der Förderung des Wohneigentums. Einerseits ist ihre Steuerbelastung aufgrund der Progression bei der Einkommenssteuer prozentual höher. Andererseits sind sie eher dazu in der Lage, Wohneigentum zu erwerben, als Haushalte mit tiefen und mittleren Einkommen. Bei Rentnern ist die Verschuldung dagegen in der Regel tiefer, weshalb die Abzugsmöglichkeit für Fremdkapitalzinsen weniger ins Gewicht fällt.

Da es sich bei Wohneigentum um eine langfristige Investition handelt, ist bei der empirischen Bestimmung der Auswirkungen eine Betrachtung über den gesamten Lebenszyklus sinnvoll. Dabei wird eine Reihe von Annahmen benötigt.[68] Für die folgenden Berechnungen wurden ein Zinssatz von 3,5 % und jährliche Unterhaltskosten von 1 % zugrunde gelegt.

Im Vergleich zu einem 0–0–0–System bedeutet ein 1–1–1–System, das heisst eine Gleichbehandlung des Wohneigentums mit anderen steuerpflichtigen Kapitaleinkommen, eine erhebliche Mehrbelastung. Für das offizielle schweizerische System mit einem Eigenmietwert von 70 % resultiert unter den gemachten Annahmen im Vergleich zu einem 0–0–0–System dagegen eine leichte Förderung. Mit anderen Worten wird Wohneigentum in der Schweiz auch im Vergleich zu nicht steuerpflichtigen Kapitalanlagen leicht begünstigt, wobei die Grundstückgewinnsteuer und andere Abgaben noch nicht berücksichtigt sind. 6.4

67 Schuldzinsen können im Umfang der steuerbaren Vermögenserträge plus weiterer 50 000 Franken abgezogen werden. Dies dürfte für die allermeisten Eigenheimbesitzer einer allgemeinen Abzugsfähigkeit der Schuldzinsen entsprechen.

68 Die Details finden sich in Bodmer (2011).

6.4 Mehr- und Minderbelastung von 1-1-1-Systemen

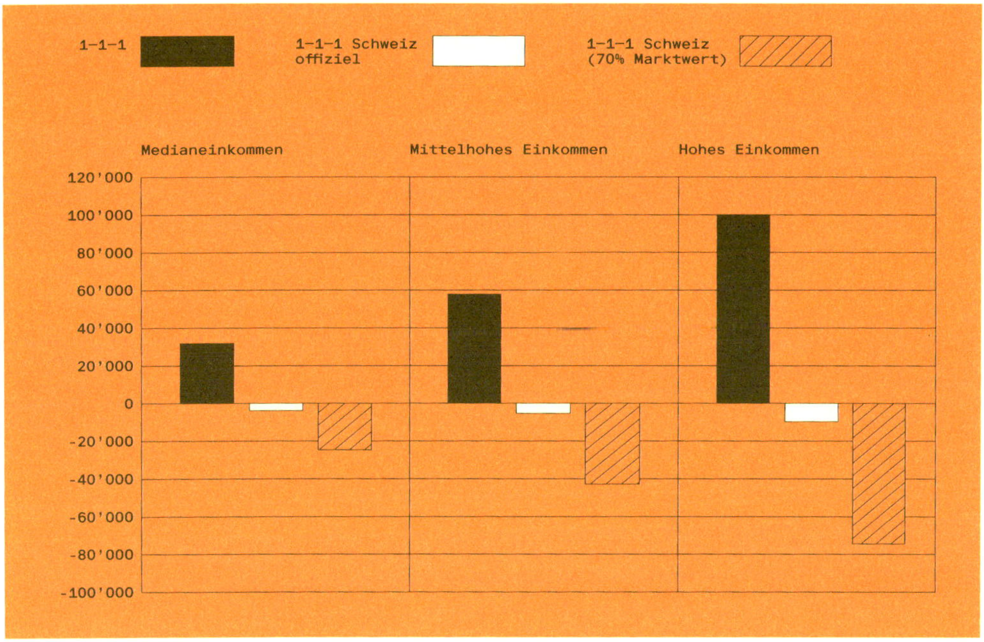

Bodmer (2011)

Das schweizerische System der Einkommenssteuern mit seiner Besteuerung von Eigenmietwert, bei Abzug von Zins- und Unterhaltskosten, stellt gegenüber einem System der Nichtbesteuerung des Eigenmietwerts bei fehlendem Abzug von Zins- und Unterhaltskosten eine leichte Förderung dar. In der Praxis wird diese Förderung aufgrund tiefer Schätzwerte erhöht.

In der Realität dürfte die Förderung aufgrund tiefer Schätzwerte deutlich höher ausfallen. Bei Schätzwerten von 70 % des Marktwertes resultiert in den gemachten Berechnungen eine Minderbelastung von zwischen 25 000 und 75 000 Franken, was doch bereits zwischen 5 % und 10 % des Immobilienwerts ausmacht.

Bei einer Veräusserung werden zudem die Kapitalgewinne auf kantonaler Ebene mit der Liegenschaftsgewinnsteuer besteuert, falls die Verkäufer keine neue Immobilie erwerben. Die Tarife sind allgemein hoch, im Bereich von 30 %, und weisen einen nach Haltedauer regressiven Tarif auf. Die Gewinne sind zudem nominal definiert und werden nicht um die Inflation korrigiert. Im Vergleich zu Investitionen in andere Vermögenswerte wie Aktien, bei welchen die Kapitalgewinne nicht besteuert werden, kann damit ein erheblicher Nachteil entstehen. Dazu kommen noch kantonale Grundsteuern, die in der Regel im Bereich von einem Promille liegen und einen weiteren leichten Nachteil für Wohneigentum darstellen.

Folgen der Wohneigentumsförderung

Eine staatliche Förderung verbilligt Wohneigentum und macht es damit im Vergleich zum Wohnen in Miete attraktiver, wie in *Kapitel 6* «Auswirkungen der Förderung auf den Wohnungsmarkt» dargestellt. S. 73 Daraus sollte sich eine gewisse Erhöhung der Wohneigentumsquote ergeben. Zudem werden sich die Wohnnachfrage und die Preise erhöhen. In der Praxis ist mit zusätzlichen Effekten zu rechnen. Potenzielle Wohneigentümer bevorzugen Häuser. Erstens bieten sie mehr Platz, zweitens mehr Möglichkeiten bei der Gestaltung. Häuser finden sich aber vor allem auf dem Land. Je weiter vom Zentrum entfernt sich eine Liegenschaft befindet, desto tiefer sind im Durchschnitt die Bodenpreise und desto erschwinglicher wird ein Haus mit seinem grösseren Bodenbedarf. Die Förderung des Wohneigentums stellt damit auch eine Förderung des Wohnens auf dem Land dar, und es ist mit einer gewissen Verschiebung der Wohnnachfrage und der Bevölkerung in ländliche Regionen zu rechnen. Steigende Bodenpreise auf dem Land sind eine weitere Folge.[69]

Weitere volkswirtschaftliche Effekte ergeben sich aus den steuerlichen Abzugsmöglichkeiten für Fremdkapitalzinsen und für Renovationen. Die Abzugsmöglichkeiten für Fremdkapitalzinsen fördern die Verschuldung. Insbesondere die Verschuldung über eine Hypothek bei gleichzeitiger Investition in den Aktienmarkt erschien in den letzten Jahren als attraktives Modell. Neben den Kursgewinnen bei Aktien spielt dabei auch die fehlende Besteuerung dieser Gewinne eine Rolle. Im internationalen Vergleich weist die Schweiz eine rekordhohe Verschuldung der Privathaushalte auf.[70] Diese stellt ein gewisses Risiko für die finanzielle Stabilität dar, weshalb oft eine Reduktion der Anreize zur Verschuldung über eine Abschaffung oder zumindest Reduktion des steuerlichen Abzugs von Hypothekarzinsen gefordert wird.

69 Illustriert anhand eines einfachen Simulationsmodells in Bodmer (2011).
70 Zurbrügg (2021) gibt eine Übersicht zu dieser Problematik.

Wie hoch die Effekte einer Systemumstellung ausfallen könnten, ist unklar und hängt nicht zuletzt vom gewählten Modell ab. Aktuell werden einige Vorschläge diskutiert, die eine Abschaffung des Eigenmietwerts bei einer mehr oder weniger grossen Reduktion der Abzugsfähigkeit der Schuldzinsen vorsehen.[71] Für eine zuverlässige Bestimmung der möglichen Auswirkungen fehlen allerdings zentrale Informationen. Insbesondere ist nicht bekannt, wie stark die Haushalte ihr Verhalten bei veränderten Anreizen anpassen würden.

Tragbarkeitsregeln als Hindernis für Wohneigentum

Das in den letzten Jahren beobachtete Sinken der Wohneigentumsquote dürfte auf eine Kombination von hohen Immobilienpreisen und strengen Regeln bei der Vergabe von Hypothekarkrediten zurückzuführen sein. Einerseits haben viele Rentner ihre Liegenschaften verkauft, andererseits konnten junge Familien nicht im gewünschtem Ausmass Wohneigentum erwerben. Für die Vergabe von Hypothekarkrediten sind nämlich nicht die effektiven Kosten relevant, sondern kalkulatorische Kosten.[72] Viele der von Rentnern verkauften Immobilien gingen deshalb an Immobiliengesellschaften, Pensionskassen und andere Investoren. In Städten und Agglomerationsgemeinden kam es dabei oft zu einem Abbruch von Einfamilienhäusern, mit Mehrfamilienhäusern als Ersatzbauten.

Die kalkulatorischen Zinsen für die Tragbarkeitsrechnung blieben in den letzten Jahren trotz rekordtiefer Zinsen hoch. Anstelle eines effektiven Zinssatzes für zehnjährige Hypotheken von – während langer Zeit – nur rund 1 %, sollten die Käufer in der Lage sein, 4,5 % bis 5 % zu bezahlen. Dazu kommen bei neuen Objekten noch Unterhaltskosten von 1 %, bei alten Objekten von 2 %, sowie 1 % für die Amortisation der zweiten Hypothek. Diese hypothetischen Kosten dürfen einen Drittel des Einkommens nicht übersteigen. Bei einem Immobilienpreis von einer Million Franken und einem Eigenkapitalanteil von 20 % fallen bei einem neuen Objekt hypothetische Kosten von 56 000 Franken an, womit ein Einkommen von 168 000 Franken nötig wird. Eine solche Immobilie ist höchstens für Haushalte im obersten Viertel der Einkommensverteilung tragbar, und dies auch nur dann, wenn sie die nötigen 200 000 Franken an Eigenkapital aufbringen können. Wohneigentum wird so für die breite Mittelschicht unerschwinglich, insbesondere in Städten, Agglomerationsgemeinden und steuergünstigen Kantonen und Gemeinden.

Mit den strengen Tragbarkeitsregeln soll die Stabilität des Finanzsystems erhöht werden. Sollten die Zinsen in den nächsten Jahren nämlich steigen, könnten viele Haushalte, die zu einem hohen Preis gekauft haben, in Schwierigkeiten geraten. Das Fernhalten eines Teils

71 Schneider et al. (2019) oder Schöchli (2021) diskutieren die Auswirkungen der aktuell diskutierten Vorschläge. Bodmer (2011) enthält Schätzungen für die Auswirkungen der Vorlagen von 2012.

72 Die Regeln beruhen auf einer Selbstregulierung der Banken, die in Absprache mit der FINMA erfolgt (SBV [2019]). In der Praxis kommt es zu gewissen Unterschieden bei der Handhabung, dokumentiert beispielsweise von Hämmerli (2018).

der Nachfrage dürfte zudem die Preissteigerungen insgesamt dämpfen. Allerdings wird die Nachfrage in Gegenden verschoben, die tiefere Preise aufweisen. Langfristig könnten solche Immobilien höhere Risiken aufweisen, sollte die Nachfrage aufgrund von demografischen und anderen strukturellen Faktoren sinken.

Eine Lockerung der Tragbarkeitsregeln zum jetzigen Zeitpunkt wäre aber sicherlich gefährlich. Die Preise sind sehr hoch, und eine zusätzliche Nachfrage könnte zu einem weiteren Auftrieb führen. Zudem ist mit höheren Zinsen zu rechnen, eine Entwicklung, die im Laufe des Jahres 2022 bereits begonnen hat. Auch wenn die für die Tragbarkeitsberechnungen zugrunde gelegten 5% in weiter Ferne scheinen, bedeutet im gemachten Beispiel jeder zusätzliche Prozentpunkt an Zins einen Anstieg der Finanzierungslast um 8000 Franken.

Die Schweizerische Nationalbank (SNB) geht davon aus, dass 2021 über die Hälfte der neu vergebenen Hypotheken die Tragbarkeitsregel nicht erfüllt hat.[73] Nachdem die Banken die strengen Tragbarkeitsregeln mit einem hypothetischen Zins von 4,5% bis 5% eigentlich durchsetzen sollten, kommt dieser pessimistische Befund der SNB etwas überraschend. Ob die Nationalbank zu pessimistisch ist oder die privaten Banken zu optimistisch sind, kann von aussenstehenden Beobachtern im Moment nicht beurteilt werden, wird sich möglicherweise aber bald zeigen.[74]

73 SNB (2022, Grafik 36).
74 Schäfer (2021).

Gemeinnütziger Wohnungsbau 7

Als Alternative zum Wohneigentum und zum Mieten einer Wohnung von einem gewinnorientierten Anbieter verbleibt das Mieten von einem gemeinnützigen Anbieter. Ein Grossteil der Wohnungen von Genossenschaften und ein erheblicher Teil der Wohnungen der öffentlichen Hand weisen Mieten deutlich unter dem Marktniveau aus. Oft kommt eine Variante der Kostenmiete zur Anwendung, die sich nach den effektiven Kosten richtet. Insbesondere in den grossen Städten helfen solche Angebote Haushalten mit tiefen Einkommen, eine bezahlbare Bleibe zu finden. Die Alternative, finanzielle Hilfen an einkommensschwache Haushalte, existiert in der Schweiz nur in einigen wenigen Kantonen und Gemeinden.

Der Staat kann den gemeinnützigen Wohnungsbau über verbilligten Boden, Hilfen bei der Finanzierung, gelockerte Regeln bei der Bebauung und eine Reihe weiterer Instrumente fördern. Da gemeinnützige Wohnungen sehr günstig sind, ist eine Vermietung in der Regel an Bedingungen bezüglich Einkommen oder Haushaltsgrösse geknüpft. Bei Wohnungen der öffentlichen Hand werden solche Regeln allerdings oft nicht angewendet, und Haushalte mit hohen Einkommen profitieren ebenfalls von günstigen Wohnungen. Auch Wohnungen von Wohnbaugenossenschaften gehen oft an Haushalte aus der Mittelschicht.

Angesichts des anhaltenden Bevölkerungswachstums und der zunehmenden Knappheit von Boden dürfte sich das Problem der Erschwinglichkeit in Zukunft verschärfen. Ob der gemeinnützige Sektor zur Lösung dieser Herausforderung einen entscheidenden Beitrag leisten kann, wie das von vielen politischen Akteuren erhofft wird, erscheint allerdings fraglich.

Angesichts der im internationalen Vergleich hohen schweizerischen Mieten überrascht es nicht, dass viele Haushalte mit tiefen Einkommen Schwierigkeiten haben, erschwinglichen Wohnraum zu finden. Laut Zahlen der Verbrauchserhebungen gibt das unterste Einkommensfünftel der Haushalte im Durchschnitt 45% des verfügbaren Einkommens für Wohnen und Energie aus.[75] Bei der zweittiefsten Einkommensgruppe machen diese Ausgaben immer noch knapp 30% des verfügbaren Einkommens aus. Bei den untersten 20% ist dieser Anteil zudem seit 2006 leicht gestiegen, im Gegensatz zu den übrigen vier Gruppen.

7.1

Grundsätzlich gibt es zwei Möglichkeiten, wie Haushalten mit tiefen Einkommen geholfen werden kann.[76] Eine erste Möglichkeit ist die Objektförderung, bei welcher die staatliche Hilfe über eine Verbilligung der Wohnungsangebote erfolgt.[77] Diese Subventionen können an private, gewinnorientierte Anbieter gehen, die im Gegenzug an gewisse Bedingungen bei der Vermietung gebunden sind. Oder sie können an einen gemeinnützigen Wohnbausektor gehen, der grundsätzlich nicht gewinnorientiert arbeitet und ebenfalls gewisse Regeln bei der Vermietung der Wohnungen einhält.

Eine zweite Möglichkeit ist die Subjektförderung, bei welcher die Haushalte staatliche Zuschüsse für die Wohnausgaben erhalten. Solche Zuschüsse werden beispielsweise bei der Sozialhilfe und den Ergänzungsleistungen der Alters- und Invalidenversicherung gezahlt. Zudem entrichtet eine Reihe von Kantonen und Gemeinden Zusatzverbilligungen und individuelle Wohnbeihilfen. Zusatzverbilligungen gehen an die Vermieter, hängen aber von den Eigenschaften des Mieters ab. Wohnbeihilfen gehen dagegen direkt an die Mieter.

Sowohl die Subjekt- als auch die Objektförderung hat ihre Vor- und Nachteile. Subjektfinanzierung ist zielgerichteter und hilft den betroffenen Haushalten direkt. Allerdings müsste ein entsprechendes System in der Schweiz an vielen Orten zuerst aufgebaut werden. Eine Möglichkeit wäre es, diese Zahlungen an die Sozialhilfe anzugliedern, womit in den meisten Kantonen die Gemeinden zuständig wären. Weiter wäre zu bestimmen, ob gewisse nationale Grundregeln eingeführt werden sollten, entsprechend den Regeln bei der Sozialhilfe der Schweizerischen Konferenz für Sozialhilfe (SKOS). Dies würde einer Ausweitung der Hilfen auf die ganze Schweiz bedeuten.

Eine weitere Möglichkeit wäre, die bestehende Objektfinanzierung in Städten wie Zürich in eine Subjektfinanzierung zu überführen. Damit

75 Bei vielen dieser Haushalte dürfte es sich allerdings um Rentnerhaushalte handeln, die ihren Lebensunterhalt teilweise aus Ersparnissen bestreiten. Bei den Wohnausgaben werden zudem nur die monetären Kosten wie Zinszahlungen und Kosten für Unterhalt und Energie berücksichtigt, der Eigenmietwert dagegen nicht. Dadurch werden die Ausgaben für das Wohnen für alle Gruppen unterschätzt. Dies betrifft aber vor allem die Einkommensgruppen mit einem hohen Anteil an Wohneigentum, d. h. vor allem höhere Einkommen.

76 Bonoli und Bertozzi (2007) geben einen Überblick über die verschiedenen Systeme und ihre historische Verbreitung in der Schweiz.

77 Hochschule Luzern – Wirtschaft (2018) stellt die verschiedenen Ansätze zur Förderung des preisgünstigen Wohnraums dar.

7.1 Anteil Wohnkosten an verfügbarem Einkommen

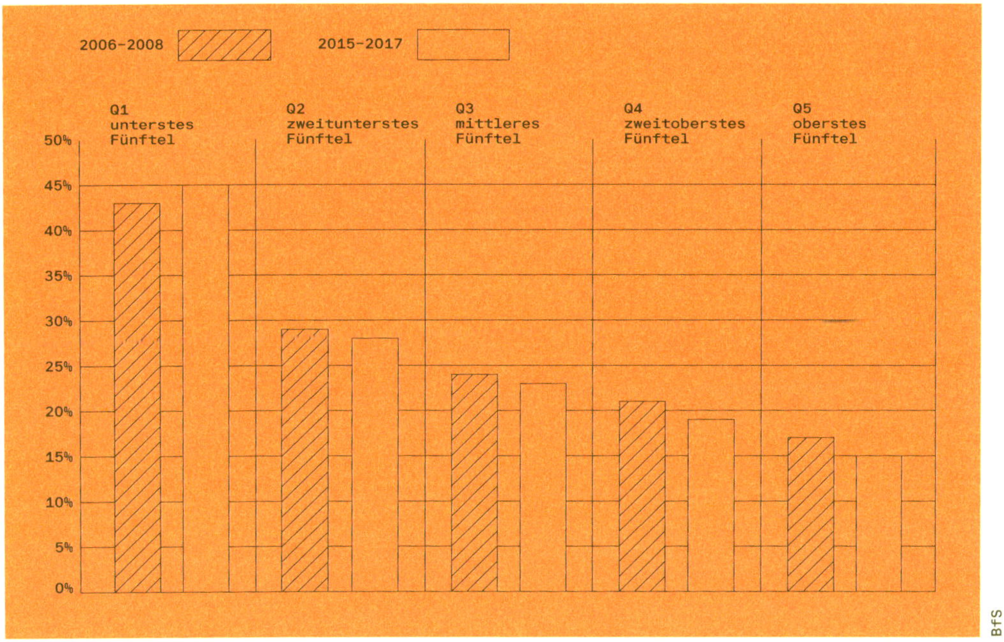

Für Haushalte mit tiefen Einkommen stellen die Wohnkosten einen grossen Teil des verfügbaren Einkommens dar. Bei den untersten 20 Prozent, die auch viele Rentnerhaushalte enthalten, ist dieser Anteil in den letzten Jahren gestiegen, bei den übrigen Haushalten dagegen gesunken.

könnten bekannte Probleme der Objektfinanzierung wie die mangelnde Zielgerechtigkeit behoben werden. In den letzten Jahren wurde beispielsweise bekannt, dass in Zürich städtische Wohnungen an bester Lage an Haushalte mit hohen Einkommen oder hohem Vermögen vermietet wurden.[78] Auch bei Genossenschaftswohnungen kommen oft Haushalte aus der Mittelschicht zum Zug.[79] Eine Umstellung könnte dieselben Ziele deshalb mit tieferen Kosten erreichen.[80] Allerdings verfolgt der gemeinnützige Sektor noch andere Ziele als die Unterstützung von einkommensschwachen Haushalten, wie zum Beispiel die soziale Durchmischung. Für diese Ziele müssten bei einer Umstellung auf die Subjektfinanzierung unter Umständen ebenfalls neue Instrumente gefunden werden.

Bedeutung des gemeinnützigen Wohnungsbaus

Der Begriff des gemeinnützigen Wohnens wird unterschiedlich gehandhabt. Das Bundesamt für Wohnungswesen (BWO) bezeichnet Wohnbaugenossenschaften, Stiftungen, Vereine und so weiter als gemeinnützig, wenn sie sich an der Kostenmiete orientieren und ohne Gewinnabsichten wirtschaften.[81] Auf Basis dieser Definition hat das BWO im Jahre 2020 etwa 180 000 gemeinnützig angebotene Wohnungen in der ganzen Schweiz ermittelt.[82] Das stellt rund 4,5 % des Wohnungsbestandes ohne Zweitwohnungen von etwa 3,9 Millionen und 7,7 % der 2,2 Millionen Mietwohnungen dar.

Laut BfS gehören rund 195 000 Wohnungen Wohnbaugenossenschaften und 85 000 der öffentlichen Hand. Das ergibt Anteile am Mietwohnungsmarkt von 8,5 % für Wohnbaugenossenschaften und 3,8 % für die öffentliche Hand. Der Unterschied zu den Zahlen des BWO zeigt, dass ein erheblicher Teil der insgesamt rund 280 000 Wohnungen der Wohnbaugenossenschaften und der öffentlichen Hand vom BWO nicht als gemeinnützig eingestuft wird. Eine Diskrepanz ergibt sich auch bei Zahlen für einzelne Städte. So weist das BWO für die Stadt Zürich knapp 20 % gemeinnützige Wohnungen aus, während dieser Anteil von der Stadt Zürich selbst auf knapp 30 % beziffert wird.[83]

Nicht Teil der Definition des gemeinnützigen Wohnungsbaus sind Kriterien für die Vergabe von Wohnraum wie die Verbilligung der Mieten für Haushalte mit tiefen Einkommen. Ebenso wenig gehören staatliche Subventionen zur Definition der Gemeinnützigkeit. In der Praxis sind zusätzliche Regeln wie die Vergabe von Wohnungen an Haushalte mit tiefen Einkommen, Altersdurchmischung oder andere Kriterien

78 Scruzzi (2014).
79 Moser (2021).
80 Lehmann (2019) diskutiert die finanziellen Aspekte und kommt nicht überraschenderweise zum Schluss, dass die erzielte Unterstützung mit einer Subjektfinanzierung kostengünstiger erreicht werden könnte.
81 WBG (2018).
82 www.bwo.admin.ch/bwo/de/home/wohnraumfoerderung/zahlen-und-fakten/zahlen-zum-gemeinnuetzigen-wohnungsbau/zahlen-zum-gemeinnuetzigen-wohnungsbau-2020.html («Wohnungen des gemeinnützigen Wohnungsbaus nach Bauperiode und Gebäudekategorie») [abgerufen am 29.12.2022].
83 Kälin (2020).

allerdings eine wichtige Eigenheit des gemeinnützigen Sektors.[84] Empirische Untersuchungen lassen vermuten, dass die Einkommen von Haushalten in gemeinnützigen Wohnungen effektiv tiefer sind als in den übrigen Wohnungen.[85] Allerdings könnte dies zumindest zum Teil durch die kleinere Grösse und durch andere Merkmale der Wohnungen erklärt werden, die eher Haushalte mit tiefen Einkommen anziehen.

Kostenmiete im gemeinnützigen Wohnungsbau

Im gemeinnützigen Wohnungsbau sollte eine strikte Kostenmiete und nicht die Kostenmiete nach Obligationenrecht zur Anwendung kommen.[86] Im einfachsten Fall beruht die Bruttomiete auf den effektiven Kosten, die sich aus dem effektiven Fremdkapitalzins plus Unterhaltskosten zusammensetzen:

$$\textit{Bruttomiete} = \textit{Fremdkapitalzins} + \textit{Unterhaltskosten}$$

7a

Relevant ist der effektiv auf dem Fremdkapital bezahlte Zinssatz, nicht der Referenzzinssatz. Bei den Unterhaltskosten wird neben Einlagen in einen Erneuerungsfonds oft auch die Abschreibung berücksichtigt. Wird die Liegenschaft im Baurecht übernommen, kommt der Baurechtszins hinzu. In der Praxis bestehen Variationen. So verwendet die Stadt Zürich eine eigene Formel, die sich aus dem Zins auf den Anlagekosten und den nach einer standardisierten Formel auf Basis des Gebäudeversicherungswertes berechneten Betriebskosten zusammensetzt.[87]

Im Gegensatz zur Kostenmiete nach Obligationenrecht wird das eingesetzte Eigenkapital nicht verzinst. Damit spielt auch die Inflation nur insofern eine Rolle, als sie die Unterhaltskosten beeinflusst. Wertsteigerungen oder Veränderungen der Marktmiete spielen dagegen überhaupt keine Rolle. Wurde die Liegenschaft vor langer Zeit erstellt, so sind die Anlagekosten im Vergleich zu den aktuellen Marktpreisen in der Regel sehr tief. Entsprechend tief fällt die Miete im Vergleich zu einer Marktmiete aus.

Wurde die Immobilie allerdings in einer Phase mit hohen Preisen erstellt, so bilden diese hohen Preise die Basis für die Berechnung der Miete. Es verbleibt der Verzicht auf die Verzinsung von Eigenkapital, was bei Wohnbaugenossenschaften allerdings oft nur 10 % der Kosten für Bauten und Boden ausmacht. Sollen in einer solchen Situation trotzdem Mieten unter dem Marktniveau erreicht werden, braucht es andere Quellen für Kostenvorteile. Diese können aus einer tieferen Verzinsung des Fremdkapitals stammen. Hier spielen die speziellen Finanzierungsquellen des gemeinnützigen Wohnungsbaus wie die Emissionszentrale für gemeinnützige Wohnbauträger (EGW) und die Hypothekar-Bürgschaftsgenossenschaft eine Rolle, die zudem von der öffentlichen Hand unterstützt werden. Weitere mögliche Gründe

84 WBG (2018).
85 Sotomo (2017).
86 Vorburger (2022): www.zeitschrift-wohnen.ch/heft/beitrag/recht/kostenmiete-was-gilt.html [abgerufen am 29.9.2022].
87 Ebd.

für tiefere Kosten von Wohnbaugenossenschaften sind eine günstige Abgabe von Bauland in Baurecht oder eine kostensparende Bauweise. Letzteres kann beispielweise über eine Verdichtung erreicht werden.

Staatliche Fördermassnahmen

Es werden drei Gruppen von staatlichen Fördermassnahmen für den gemeinnützigen Wohnungsbau unterschieden: Raumplanerische Instrumente, Finanzierungsinstrumente und Branchenförderung.[88]

Die raumplanerischen Instrumente umfassen spezielle Konditionen bei der Nutzung des Bodens und bei der Bauweise. So können Nutzungsprivilegien gewährt werden, wie eine höhere Ausnützungsziffer, Zuschläge bei Gebäudehöhe oder -länge oder geringere Grenz- und Gebäudeabstände. Oft vergibt der Staat Land zu günstigen Konditionen, erwartet im Gegenzug aber gewisse Leistungen in Form eines Anteils an preisgünstigen Wohnungen oder an Gewerbefläche, sogenannten Anteilen in Nutzungsplanung.

Unter die Finanzierungsinstrumente fallen die verbilligte Abgabe von Land im Kauf oder im Baurecht sowie Finanzierungshilfen. Zinsgünstige Hypotheken werden von der EGW und von einzelnen öffentlichen Pensionskassen vergeben. Der Bund unterstützt gemeinnützige Bauträger über den sogenannten «Fonds de Roulement» mit zinsgünstigen Darlehen, die als Restfinanzierung dienen und damit Lücken beim Eigenkapital schliessen. Ebenfalls möglich ist eine direkte öffentliche Beteiligung am Eigenkapital. Bürgschaften stellen einen weiteren Kanal dar, über den das Fremdkapital verbilligt werden kann. Auf diese Weise unterstützt der Bund die EGW und die Hypothekar-Bürgschaftsgenossenschaft. Sodann können A-Fonds-perdu-Beiträge für energetische Massnahmen und Reduktionen bei Handänderungssteuern und Grundstücksteuern gewährt werden.

Die Branchenförderung betrifft Massnahmen wie Beratung, finanzielle Unterstützung von Beratungs- und Weiterbildungsangeboten oder die Unterstützung bei Projekten.

Tieferer Flächenverbrauch

Fast 70 % aller gemeinnützigen Wohnungen unterliegen Vorschriften zur minimalen Anzahl von Personen pro Haushalt.[89] Es kann deshalb erwartet werden, dass Wohnfläche und Grundfläche pro Person im gemeinnützigen Wohnungsbau kleiner sind als im gewinnorientierten Sektor oder bei Wohneigentum. Die Vorschriften gelten vor allem für grössere Wohnungen, bei denen ein gewisser Spielraum bei der Belegung bestehen würde. Nachdem Genossenschaftswohnungen günstiger sind als Mietwohnungen, wirken solche Vorschriften auch dem Anreiz entgegen, aufgrund der tieferen Mieten mehr Wohnraum zu beanspruchen.

88 WBG (2017).
89 Die folgende Darstellung beruht auf Sotomo (2017).

Zahlen zeigen, dass der Flächenbedarf bei Genossenschaftswohnungen effektiv kleiner ist. So lag die durchschnittliche Wohnfläche pro Person im Jahre 2014 in Genossenschaftswohnungen bei 36,5 m^2, in Mietwohnungen bei 42,4 m^2 und im Wohneigentum bei 52,2m^2. Die kleinere Wohnfläche gilt für alle Siedlungsräume. Auch im ländlichen Raum, wo die Wohnfläche im Durchschnitt grösser ist, ist die Wohnfläche pro Person bei Genossenschaftswohnungen kleiner. Ebenfalls deutlich kleiner ist der direkte Bodenverbrauch für Gebäude. Die Gebäudefläche betrug bei Genossenschaftswohnungen 8,1 m^2 pro Person, während sie bei Mietwohnungen bei 10,6 m^2 und bei Eigentumswohnungen bei 15 m^2 lag. Noch grösser sind die Unterschiede bei Häusern: mit 12 m^2 bei Genossenschaftsobjekten, 24,4 m^2 bei Mietobjekten und 26,6 m^2 bei Eigentumsobjekten. Ein Grossteil dieser Bodenersparnis dürfte direkt aus der tieferen Wohnfläche stammen.

Zahlen zum gesamten beanspruchten Wohnareal fehlen dagegen, womit keine separaten Aussagen zur Dichte der Gebäude möglich sind. Was ebenfalls fehlt, ist eine Analyse von anderen möglichen Faktoren der Wohnungsnachfrage. Wie bereits erwähnt, weisen Haushalte im gemeinnützigen Wohnungsbau tiefere Einkommen auf. Dieser und andere Unterschiede könnten einen Teil des tieferen Flächenverbrauchs erklären, da die Nachfrage nach Wohnfläche mit dem Einkommen steigt.

Die grosse Beachtung, welche die Wohnfläche in der Politik findet, ist zudem nicht unproblematisch.[90] Während eine Beschränkung des Bodenverbrauchs im öffentlichen Interesse sein kann, ist das bei der Wohnfläche nicht mehr direkt der Fall. Vielmehr sollte diese auf Basis der individuellen Präferenzen bestimmt werden. Allenfalls sollte die Politik versuchen, eine durch staatliche Massnahmen ausgelöste Mehrnachfrage nach Wohnraum zu begrenzen, wie das im gemeinnützigen Wohnungsbau gemacht wird.

Wertsteigerungen

Im gemeinnützigen Wohnungsbau fliesst die Wertsteigerung einer Immobilie zwar nicht in die Berechnung der Miete ein. Allerdings finden diese Wertsteigerungen trotzdem statt. Das grundlegende Gesetz des schweizerischen Wohnungsmarktes gilt damit auch hier: Die Knappheit des Bodens führt zu steigenden Bodenpreisen und zu steigenden Immobilienpreisen.[91] In Genossenschaften wird ein Teil dieser Gewinne in Form von tieferen Mieten an die Mieter verteilt.

Es verbleibt die Frage, was beim Ausscheiden eines Genossenschafters oder bei einem Verkauf einer Liegenschaft geschieht. Das hängt von der rechtlichen Ausgestaltung ab. Genossenschaften sind aus rechtlicher Sicht juristische Personen und Genossenschaftsscheine stellen den Zuschuss von Eigenkapital dar. In den Statuten wird bestimmt, was die Rechte und Pflichten der Genossenschafter sind.

90 Das BWO liess beispielsweise in einer Studie von IWSB (2016) mögliche regulatorische Massnahmen zu einer Reduktion des Flächenverbrauchs untersuchen.

91 Die langfristigen Preissteigerungen haben nicht notwendigerweise mit Spekulation zu tun, wie das aus dem gemeinnützigen Sektor oft zu hören ist (WBG [2018]).

Diese können mehr oder weniger marktnah gestaltet werden. Eine Genossenschaft kann grundsätzlich ein Zusammenschluss von Personen mit ähnlichen Zielen sein, gewissermassen ein Zusammenschluss zur Selbsthilfe. Auch bei den Wohnbaugenossenschaften kann dies der Fall sein. In solchen Fällen könnte im Prinzip eine Veräusserung der Genossenschaftsscheine an neue Genossenschafter zu einem Preis ermöglicht werden, der den Marktwert der Liegenschaft reflektiert.

Bei gemeinnützigen Wohnbaugenossenschaften stellt der Genossenschaftsschein dagegen ein eher symbolisches Element dar. Der grosse Teil des Kapitals stammt aus anderen Quellen. Mit dem Ausscheiden aus der Genossenschaft erhält ein Mitglied den Betrag des Anteilsscheins zurück, ohne an Wertsteigerungen partizipieren zu können. Bei einer staatlichen Abgabe des Bodens im Baurecht entfällt dieses Problem, da der Boden nach einer bestimmten Zeit an die öffentliche Hand zurückgeht. Damit verbleibt auch die Wertsteigerung in öffentlicher Hand.

Zukünftige Bedeutung des gemeinnützigen Wohnungsbaus

Die steigenden Mieten stellten für einen Grossteil der Schweizer Bevölkerung bisher kein grundlegendes Problem dar, da die Einkommen noch stärker gestiegen sind. Für Haushalte mit tiefen Einkommen und solche, die in den grossen Städten wohnen, ist das aber oft nicht der Fall. Das Problem könnte sich bei weiter steigenden Mieten oder einer Verknappung des Angebots verschärfen und breitere Bereiche der schweizerischen Bevölkerung treffen.

Wohnungen des gemeinnützigen und des öffentlichen Sektors leisten in einigen grossen Städten einen erheblichen Beitrag zur Lösung dieses Problems. Ob und mit welchen Massnahmen sich die Herausforderungen der Zukunft über den gemeinnützigen Wohnungsbau lösen lassen, ist allerdings eine andere Frage. Auch der gemeinnützige Wohnungsbau ist von steigenden Bodenpreisen betroffen. Vielerorts ist es bereits jetzt schwierig geworden, günstigen Wohnraum bereitzustellen, wenn dafür Land zu Marktpreisen erworben werden muss.[92] Eine verstärkte Abgabe von Bauland in öffentlicher Hand könnte dieses Problem lindern. Allerdings sind entsprechende Reserven vielerorts knapp geworden. Eine verstärkte Förderung des gemeinnützigen Wohnungsbaus über neue Kredite des Bundes dürfte an diesem grundlegenden Problem nur wenig ändern.

Im Prinzip könnte der Staat die gleichen Ziele in Zukunft auch mit einer Förderung des Wohnbaus durch Baufirmen, Immobiliengesellschaften oder andere Firmen zu erreichen suchen. Dazu wären allerdings Instrumente und Kontrollmechanismen nötig, die vielerorts zuerst geschaffen werden müssten. Auch ein Umbau zu einer generellen Subjektfinanzierung erscheint wenig realistisch, da die entsprechenden Strukturen meist fehlen. Bei der Objektfinanzierung über Wohnbaugenossenschaften wäre in Zukunft aber zumindest auf eine verbesserte Zielgerechtigkeit zu achten.

92 Metzler (2017) beschreibt die Situation für die Stadt Zürich.

Regulierung einzelner Marktsegmente 8

Die Nachfrage der in der Schweiz ansässigen Haushalte für ihren Hauptwohnsitz stellt nur einen Teil der Nachfrage nach Wohnraum dar. Daneben werden Zweitwohnungen, sowohl von Inländern als auch von Ausländern, kurzfristig genutzter Wohnraum für Touristen und Wohnraum für nicht in der Schweiz ansässige Personen nachgefragt. Diese zusätzliche Nachfrage macht gegen 15 % aller Wohnungen aus (siehe *Kapitel 2*).

S.17

Dank Internetplattformen wie Airbnb hat die Vermietung von Ferienwohnungen in den letzten Jahren einen enormen Aufschwung erlebt und spielt inzwischen auch in vielen Städten eine wichtige Rolle. Wohnungen werden dadurch dem Markt für die lokal wohnhafte Bevölkerung entzogen und touristisch genutzt. Um den Anstieg bei Preisen und Mieten zu begrenzen, haben einzelne internationale Metropolen in den letzten Jahren Massnahmen zu einer Begrenzung ergriffen.

In der Schweiz besteht eine als Lex Koller bekannte Gesetzgebung, die den Zugang von Ausländern zum Immobilienmarkt einschränkt. Diese scheint zwar nicht perfekt zu funktionieren, dürfte aber einen erheblichen Teil der potenziellen ausländischen Nachfrage vom schweizerischen Immobilienmarkt fernhalten. Seit Annahme der Zweitwohnungsinitiative bestehen zudem Limiten für den Neubau von Zweitwohnungen, die auch für Schweizer Investoren gelten.

Zentral für die Beurteilung der Regulierung einzelner Marktsegmente wie des Zweitwohnungsmarktes oder der Nachfrage von Ausländern sind die unterschiedlichen Effekte, welche die Regeln auf Angebot und Nachfrage im Investitions- und Nutzungsmarkt haben. Wird die Nachfrage im Nutzungsmarkt eingeschränkt, so ist mit sinkenden Preisen und Mieten zu rechnen. Wird dagegen die Nachfrage im Investitionsmarkt reduziert, so ist mit steigenden Mieten zu rechnen. Dieser fundamentale Unterschied wird im Folgenden anhand von Beispielen erklärt.

Ausländer als Investoren

Im einfachsten Fall kommt es zu einem Markteintritt von Ausländern als reinen Investoren. Sie erwerben Immobilien und vermieten diese ausschliesslich an in der Schweiz wohnhafte Personen. Verschiedene Gründe können einen solchen Eintritt in den schweizerischen Markt attraktiv machen. Ausländische Investoren können aufgrund der Situation in ihren Heimatmärkten, steuerlichen Gründen oder Diversifikationszielen eine tiefere Risikoprämie (rp) als inländische Investoren haben *(Gleichung 8a)*. Oder sie haben höhere Erwartungen an die zukünftige Preisentwicklung (d_A). Dabei spielt auch der Wechselkurs eine Rolle. Bekanntlich weist der Schweizer Franken eine Tendenz zur Aufwertung auf, womit sich in ausländischer Währung eine grössere Wertsteigerung ergibt. Beides kann dazu führen, dass ausländische Investoren eine tiefere Rendite und deshalb bei gegebener Miete einen höheren Preis akzeptieren:

$$NK_{Investor\ Ausland} = (r + rp_A - d_A^e + uk) \cdot P \tag{8a}$$

Die Auswirkungen lassen sich mit Hilfe des Zwei-Sektoren-Modells aus *Kapitel 3* analysieren. Im Investitionsmarkt erhöht der Eintritt ausländischer Investoren die Nachfrage. Dies löst ein zusätzliches Angebot entlang der bestehenden Angebotskurve aus, was zu einem höheren Preis und einer höheren Menge führt. Je weniger elastisch das Angebot, desto stärker steigt der Preis und desto weniger stark steigt die Menge. Aufgrund der sinkenden Renditeerwartung kommt es im Nutzungsmarkt zu einer Verschiebung der Angebotskurve: Bei einer gegebenen Miete wird mehr Wohnraum angeboten. Die Nachfragekurve im Nutzungsmarkt verschiebt sich dagegen nicht, da ausländische Nachfrager annahmegemäss ausgeschlossen bleiben.

S.29

8.1

Insgesamt ergeben sich sinkende Mieten und steigende Preise. Für Mieter ist dies positiv, da mehr Wohnraum zu tieferen Mieten zur Verfügung steht. Für die inländischen Investoren ist der Eintritt ausländischer Investoren dagegen eine zweischneidige Sache. Einerseits ergeben sich Preissteigerungen und damit für die bisherigen Eigentümer Kapitalgewinne, andererseits sinken Mieten und zukünftige Renditen.

Touristische Nutzung von Mietwohnungen

In einem nächsten Fall mieten in- und ausländische Touristen Wohnungen. Die Aufenthalte sind in der Regel von kurzer Dauer. Bei sehr vielen Touristen ergeben sich insgesamt trotzdem erhebliche Auswirkungen auf den lokalen Immobilienmarkt. Im betreffenden Markt verschiebt sich aufgrund der höheren Nachfrage von Touristen nach Ferienwohnungen als Erstes die Nachfragekurve im Nutzungsmarkt, mit einer höheren Miete als Folge. 8.2

Die höhere Miete lässt die Nachfrage im Investitionsmarkt steigen, mit einer Verschiebung der Nachfragekurve und einem Steigen des Preises und der Menge als Konsequenz. Die höhere Nachfrage nach Wohnraum für Touristen entspricht damit dem allgemeinen Fall einer steigenden Nachfrage, wie sie für das DiPasquale-Wheaton-Modell in

8.1 Ausländer als Investoren

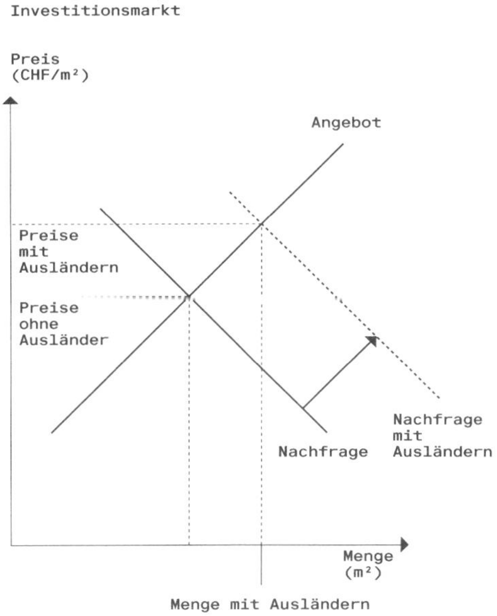

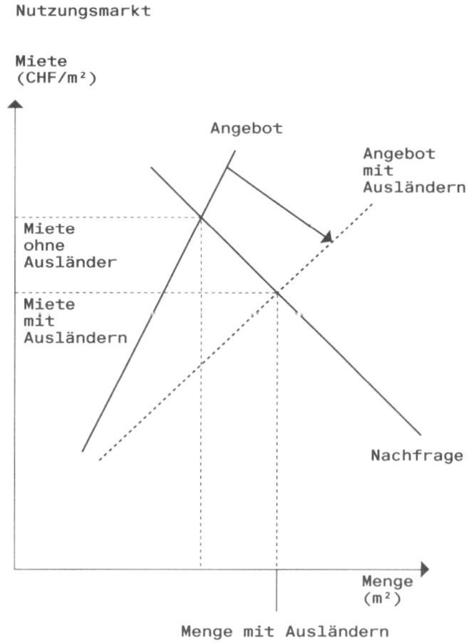

Eigene Darstellung

Treten Ausländer allein als Investoren auf, so ist mit steigenden Mengen und Preisen und sinkenden Mieten zu rechnen.

8.2 Touristische Nachfrage nach Ferienwohnungen

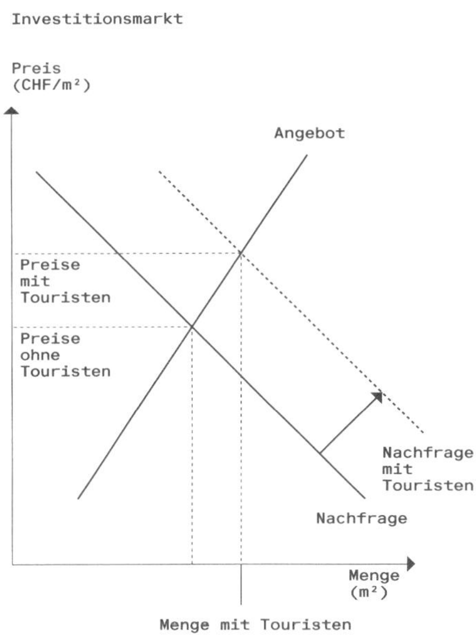

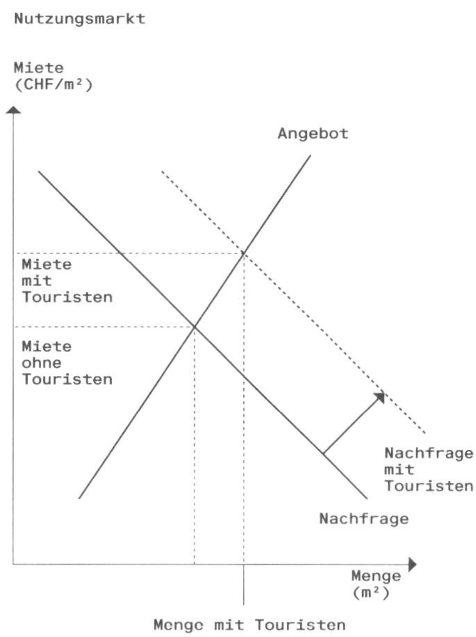

Eigene Darstellung

Die touristische Nachfrage nach Wohnungen konkurriert die Nachfrage der ansässigen Bevölkerung im Nutzungsmarkt. Die Nachfrage steigt, was zuerst zu steigenden Mieten und dann auch zu steigenden Preisen führt.

Kapitel 3 besprochen wurde. Die Renditeerwartung der Investoren muss sich dagegen nicht verändern.

Mit dem Wachstum von Internetplattformen wie Airbnb hat sich die touristische Nutzung von Wohnungen auch auf Städte und Regionen ausgeweitet, die bisher nur einen kleinen Bestand solcher Wohnungen hatten. Diese wurden zu einem erheblichen Teil dem regulären Nutzungsmarkt entzogen. Ausnahmen ergeben sich dann, wenn die Internetplattformen eine temporäre Zwischennutzung von Wohnungen oder Zimmern erlauben, die sonst leer gestanden hätten oder nur teilweise genutzt worden wären. Dass Airbnb und andere Internetplattformen einen deutlichen Anstieg der Nachfrage und damit der Preise und Mieten bewirken können, wird nicht überraschenderweise durch empirische Untersuchungen bestätigt.[93]

Zweitwohnungen

Die Nachfrage nach Zweitwohnungen stellt eine Kombination der Fälle einer Nachfrage von Ausländern als Investoren und einer Nachfrage von Touristen für Mietwohnungen dar. In- oder ausländische Investoren erwerben Immobilien und schaffen damit als Erstes eine zusätzliche Nachfrage im Investitionsmarkt. Das führt zu einer Erhöhung von Preis und Menge im Investitionsmarkt. Da die Käufer die erworbenen Immobilien selbst nutzen, treten sie gleichzeitig auf dem Nutzungsmarkt als Nachfrager auf, die dortige Nachfragekurve verschiebt sich ebenfalls nach rechts. Aufgrund tieferer Renditeerwartungen verschiebt sich zudem die Angebotskurve im Nutzungsmarkt. Insgesamt resultieren steigende Mieten und Preise. Im Vergleich zu einer rein touristischen Nutzung von Ferienwohnungen ist aber trotzdem mit höheren Boden- und Immobilienpreisen zu rechnen. Nicht vermietete Zweitwohnungen werden weniger intensiv genutzt als vermietete Ferienwohnungen, und der Flächenbedarf pro Übernachtung steigt. 8.3

Wie stark die Mieten steigen, hängt auch davon ab, wie steil die Angebotskurve ist. Das wiederum wird durch das Potenzial für Neubauten bestimmt. In Metropolen und Top-Tourismusdestinationen ist dieses Potenzial aufgrund der Knappheit von Bauland meist eng begrenzt, weshalb es zu einem kleinen Mengenanstieg und einem hohen Preisanstieg kommt. Internationale Erfahrungen zeigen, was die Folgen eines ungehinderten Eintritts von Ausländern in einen lokalen Markt sein können. In Metropolen wie London oder Vancouver stellt dieses Segment inzwischen einen erheblichen Teil der Nachfrage dar und ist für hohe Preise und Mieten mitverantwortlich.[94] Auch in der Schweiz sind die entsprechenden Effekte aus Orten wie Gstaad, St. Moritz oder Zermatt bekannt.

93 Siehe zum Beispiel für Barcelona durch Garcia-López et al. (2020).
94 Siehe Ley (2013) für Vancouver und Wallace et al. (2017) für London.

8.3 Nachfrage nach Zweitwohnungen

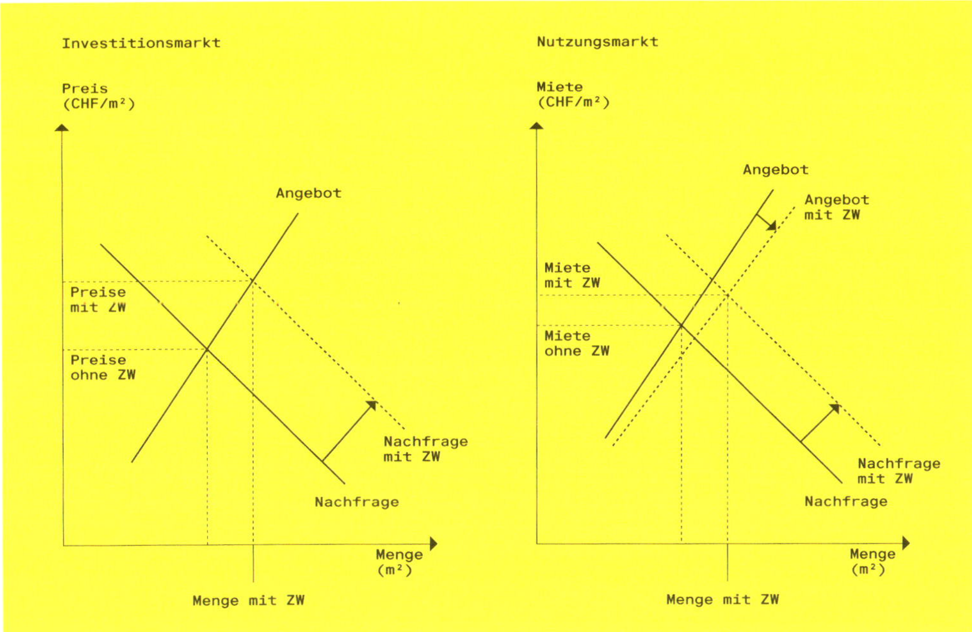

Eigene Darstellung

Die Nachfrage nach Zweitwohnungen (ZW) wirkt sich sowohl auf den Investitions- als auch auf den Nutzungsmarkt aus und erhöht Preis und Miete. Diese Erhöhung fällt stärker aus, je weniger zusätzlich gebaut wird, das heisst je unelastischer das Angebot ist.

Der Erwerb von Immobilien durch Ausländer wird in der Schweiz bereits seit den 1960er-Jahren eingeschränkt.[95] 1961 trat ein Bundesbeschluss über die Bewilligungspflicht für den Erwerb von Grundstücken durch Personen im Ausland in Kraft (Lex von Moos). 1978 lancierte die Nationale Aktion die Volksinitiative «Gegen den Ausverkauf der Heimat». Bundesrat und Parlament reagierten auf diesen politischen Druck mit der Verabschiedung des «Bundesgesetzes über den Erwerb von Grundstücken durch Personen im Ausland». Dieses als Lex Friedrich bekannte Gesetz trat 1985 in Kraft. Es wurde 1997 grundlegend überarbeitet und wird seither als Lex Koller bezeichnet. Eine wichtige Änderung in der Revision von 1997 war die Liberalisierung des Erwerbs von Geschäftsliegenschaften durch Ausländer.

Die Lex Koller schränkt den Erwerb von Wohnimmobilien durch ausländische Personen ohne Wohnsitz in der Schweiz ein.[96] Für die Feststellung des Wohnsitzes wird einerseits eine Aufenthaltsbewilligung vom Typ B oder C benötigt. Andererseits muss der Nachweis erbracht werden, dass der Lebensmittelpunkt effektiv in der Schweiz liegt. Dafür muss sich der Schwerpunkt der sozialen Kontakte und der wirtschaftlichen Tätigkeit in der Schweiz befinden. Ausländer, die diese Kriterien nicht erfüllen, benötigen für den Erwerb einer Liegenschaft eine kantonale Bewilligung. Die Liegenschaft wird dann als Ferienwohnung eingestuft. Dies ist nur in denjenigen Kantonen möglich, die in ihrer Gesetzgebung den dazu nötigen Bewilligungsgrund kennen. Dafür bestehen spezifische Regeln, und der Bund vergibt Kontingente.[97] Einzelne Grossprojekte können vom Bundesrat von der Bewilligungspflicht befreit werden, wie beispielsweise geschehen beim Tourismusprojekt Andermatt.

Auch bei der ausländischen Beteiligung an Wohnimmobiliengesellschaften gelten Einschränkungen. Bei Wohnimmobiliengesellschaften handelt es sich um nicht börsenkotierte Gesellschaften, deren Hauptzweck im Erwerb oder Halten von Wohngrundstücken oder anderen Nicht-Betriebsstättegrundstücken besteht. Ausländer ohne Wohnsitz in der Schweiz dürfen sich gar nicht an solchen Gesellschaften beteiligen, für Ausländer aus der EU/EFTA mit Wohnsitz in der Schweiz gelten keine Einschränkungen. Bürgerinnen und Bürger aus anderen Ländern dürfen sich nur dann beteiligen, wenn sie über eine gültige Niederlassungsbewilligung C verfügen. Eine Beteiligung an der in der Schweiz börsenkotierten Immobiliengesellschaften ist dagegen für alle Ausländer uneingeschränkt möglich.

95 Neidhardt (2015).
96 BJ (2009).
97 Ferienwohnungen in Apparthotels müssen sich zudem in einem vom Kanton bezeichneten Fremdenverkehrsort befinden. Eine Bewilligung muss dem Kontingent belastet werden, das der Bund dem Kanton pro Jahr für solche Wohnungen zuteilt. Bei diesen Wohnungen ist eine Weitervermietung während Teilen des Jahres möglich, bei anderen Zweitwohnungen dagegen nicht. Für letztere braucht es enge, schutzwürdige Beziehungen zum Ort (BJ [2009], S. 10 f.).

Die Lex Koller schränkt die Nachfrage von ausländischen Privatpersonen im Markt für selbstbewohntes Wohneigentum damit erheblich ein, allerdings bestehen Lücken. So müssen Immobilien nicht verkauft werden, wenn der schweizerische Wohnsitz aufgegeben wird. Personen ohne Wohnsitz können zudem in begrenztem Umfang Ferienwohnungen erwerben. Auch eine Miete im Nutzungsmarkt wird nur durch die üblichen Bedingungen wie den Nachweis der Zahlungsfähigkeit eingeschränkt. Allerdings ist die dauerhafte Miete einer Ferienwohnung, die nur für kurze Zeit benutzt wird, ökonomisch weniger attraktiv, da das Motiv der Kapitalanlage fehlt.

Für Ausländer, die als reine Investoren auftreten, bestehen weniger Beschränkungen. Ausländische Personen können sich im Moment als Investoren über diverse Kanäle am schweizerischen Immobilienmarkt beteiligen, so über börsenkotierte Immobiliengesellschaften und über den Erwerb von Geschäftsliegenschaften.

Neben den verbleibenden Möglichkeiten eines Erwerbs von Grundstücken durch Ausländer führt vor allem die kantonale Anwendung des Gesetzes zu Kritik. So wurden Fälle publik, die auf eine in einigen Kantonen lasche Umsetzung schliessen lassen.[98] Die wichtigere Frage dürfte aber sein, ob die bestehenden Regeln für den Erwerb von Ferienwohnungen nicht zu locker sind. In den letzten zehn Jahren blieb die Zahl der Ferienwohnungen im Besitz von Ausländern allerdings mehr oder weniger konstant, was gegen einen akuten Handlungsbedarf spricht.[99]

Die Lex Koller reduziert die Nachfrage von Ausländern vor allem im Nutzungsmarkt. Da Ausländer im Investitionsmarkt weiterhin viele Möglichkeiten für einen Eintritt haben, dürfte die Regulierung vor allem auf die Mieten einen dämpfenden Effekt haben, während der Effekt auf die Preise weniger eindeutig ist. Bei einer weiteren Liberalisierung der ausländischen Nachfrage im Investitionsmarkt wäre mit einem zusätzlichen Auftrieb bei den Preisen zu rechnen, bei einer gleichzeitigen Reduktion der Mieten (entsprechend *Abbildung 8.1*). Bei einer Verschärfung wäre mit dem umgekehrten Effekt zu rechnen. S.91

Im Jahr 2017 stellte der Bundesrat eine Verschärfung der Lex Koller zur Diskussion, die eine Bewilligungspflicht für den Erwerb von Hauptwohnungen durch Nicht-EU-EFTA-Staatsangehörige mit Wohnsitz in der Schweiz und für Betriebsstättegrundstücke vorsah, sowie ein Verbot des Erwerbs von Anteilen an Wohnimmobiliengesellschaften durch Personen im Ausland. Die Vorlage wurde vom Bundesrat nach negativen Vernehmlassungsantworten allerdings fallen gelassen.[100]

Bei einer allfälligen Reform der Lex Koller sollte der Fokus auf einer Begrenzung der Nachfrage im Nutzungsmarkt liegen. Erhöht sich die Nachfrage im Nutzungsmarkt, steigen Mieten und Preise, mit negativen Auswirkungen für weite Teile der Bevölkerung. Erhöht sich dagegen

98 So hat der Blick einige Fälle von Ferienwohnungen mit zu grossen Grundstücken und Wohnflächen aufgedeckt (Razzino [2021]).

99 In den letzten Jahren war laut den Zahlen des Bundesamtes für Justiz netto ein Rückgang beim Bestand der Ferienwohnungen im Besitz von Ausländern zu verzeichnen: www.bj.admin.ch/bj/de/home/wirtschaft/grundstueckerwerb.html [abgerufen am 29.9.2022].

100 Der Nationalrat hat im Herbst 2021 eine Motion angenommen, die den Bundesrat auffordert, die Vorlage dem Parlament zu unterbreiten. Der Ständerat hat diese Motion im Frühling 2022 allerdings abgelehnt.

allein die Nachfrage im Investitionsmarkt, so steigen die Preise und sinken die Mieten. Zwar wird der Erwerb von Wohneigentum durch höhere Preise erschwert, dagegen profitieren die Mieter.[101]

Regulierung der touristischen Nutzung

Eine intensive touristische Nutzung über Zweitwohnungen konzentriert sich normalerweise auf einige Regionen und Städte. Ob sie erwünscht ist, hängt nicht zuletzt von der bestehenden Situation ab. In wirtschaftlich schwachen Regionen, die stark vom Tourismus abhängig sind, sind die wirtschaftlichen Impulse in der Regel erwünscht. Es kommt aber spätestens dann zu Problemen, wenn die Einheimischen keinen bezahlbaren Wohnraum mehr finden. In den grossen Städten verursacht die zusätzliche Nachfrage direkte Probleme, da die bereits hohen Preise und Mieten weiter steigen.

Zweitwohnungen stehen zudem oft leer, weshalb sie für die Wertschöpfung im Detailhandel und im Gastgewerbe nur kleine positive Effekte haben. Und Zweitwohnungen können gewerblichen Angeboten wie Hotels Kunden entziehen. Das Gastgewerbe beklagt die gegenüber Internetplattformen ungleichen Spiesse. Letztere zahlen keine Steuern und Abgaben, wenn die Wohnungen nicht als touristisch genutzt registriert sind. Es wäre Sache der einzelnen Gemeinden und Kantone, solche Register zu erstellen.

Seit der Annahme der Zweitwohnungsinitiative im Jahr 2012 ist der Zweitwohnungsbau in der Schweiz begrenzt. Alle Gemeinden müssen jährlich ein Wohnungsinventar erstellen, in welchem die Gesamtzahl der Wohnungen und die Zahl der Zweitwohnungen ausgewiesen wird. In Gemeinden mit einem Zweitwohnungsanteil von über 20 % dürfen keine neuen Zweitwohnungen bewilligt werden. Die Erstellung touristisch bewirtschafteter Zweitwohnungen bleibt aber erlaubt. Insgesamt sollte die Begrenzung der Nachfrage nach Zweitwohnungen im Investitions- und Nutzungsmarkt zu einer Senkung von Preisen und Mieten führen. Es handelt sich dabei um das Gegenteil des in *Abbildung 8.3* beschriebenen Falles. Diese Effekte konnten bisher tatsächlich beobachtet werden. Daneben ergab sich in den betroffenen Gemeinden eine Segmentierung des Marktes: Die Preise für Erstwohnungen sanken, diejenigen für Zweitwohnungen stiegen. Die Preise für Zweitwohnungen liegen inzwischen vielerorts deutlich über denjenigen von Erstwohnungen.[102]

S.93

101 Eine vertiefte Diskussion findet sich in Baumberger und Bodmer (2016).
102 Die bisherige Evidenz wird in UVEK/WBT (2021) zusammengefasst; siehe auch die Studie von Hilber und Schöni (2020), die Darstellung der Preisentwicklung in Heck (2022) und den Artikel zur Entwicklung im Wallis von Kapp (2018).

Raumplanung und Bodenbedarf

Nach dem Ende des Zweiten Weltkriegs begann der Staat in der Schweiz, die Verwendung des Bodens zu organisieren und gewissen Regeln zu unterwerfen. Zuerst wurden Wohn- und Gewerbezonen getrennt. Zudem wurde der Schutz der natürlichen Räume und des landwirtschaftlichen Bodens wichtiger. Der zusätzliche Bedarf an Siedlungsfläche blieb in der Nachkriegszeit aber hoch. Die schweizerische Bevölkerung hat sich seit dem Ende des Zweiten Weltkriegs fast verdoppelt, von rund 4,5 Millionen auf 8,9 Millionen Personen, verbunden mit einer Ausweitung der für Wohnen, Wirtschaft und Verkehr benötigten Fläche. Das Siedlungsgebiet breitete sich über das ganze Mittelland aus, begünstigt durch verbesserte Verkehrsverbindungen und die Erhältlichkeit von günstigem Bauland in der Peripherie.

Diese Zersiedelung wird oft kritisiert, sowohl aus ökologischen als auch aus ästhetischen Gründen.[103] Sie half aber, die Bodenpreise in der Schweiz einigermassen erschwinglich zu halten. Dieser grundlegende Konflikt zwischen Schutz des unbebauten Bodens und günstigen Bodenpreisen wird die Wohnungspolitik auch in Zukunft beschäftigen. Im mittleren Bevölkerungsszenario rechnet der Bund bis 2050 mit einer Bevölkerung von 10,5 Millionen, einer weiteren Zunahme von rund 20 %. Diese Personen werden ebenfalls Wohnraum und Infrastruktur benötigen.

Die höhere Nachfrage macht sich als Erstes in den Städten bemerkbar, fliesst von dort aufgrund eines begrenzten Angebots und stark steigender Preise und Mieten aber auf die umliegenden Regionen über. Der Preisauftrieb an attraktiven Lagen könnte im Prinzip durch ein höheres Angebot reduziert werden. Allerdings fehlt dieses oft, wofür neben dem fehlenden Land auch die staatliche Regulierung verantwortlich ist. Bau- und Zonenordnungen schreiben vor, wo und wie gebaut werden kann. Bauprojekte müssen zudem von den Gemeinden

103 So z. B. Eisinger und Schneider (2005) oder Schwick et al. (2010).

bewilligt werden. Je grösser die Einschränkungen, desto weniger wird gebaut und desto stärker fällt der Anstieg bei den Preisen aus. Die erwünschte Verdichtung findet damit in der Praxis nur in begrenztem Ausmass statt.

Standortattraktivität

Viele Grossstädte durchliefen in den 1970er- und 1980er-Jahren schwere Krisen, haben aber seither eine eigentliche Renaissance erlebt und gelten heute als Motoren von Wachstum und Innovation.[104] Ein steigender Anteil der Weltbevölkerung wohnt in Städten. Arbeitsplätze sind in hoher Konzentration vorhanden, was neue Arbeitskräfte anzieht. Positive Externalitäten erhöhen die Attraktivität weiter. Wissen kann sich schneller verbreiten und Netzwerkeffekte ermöglichen mehr Innovation. Die Dichte ermöglicht mehr soziale Kontakte und ein breiteres kulturelles Angebot. Die Verkehrsverbindungen sind zudem in der Regel auf die Zentren ausgerichtet, was deren Erreichbarkeit weiter erhöht und Verhaltensmuster wie das Pendeln zwischen Städten begünstigt.

Zwar haben die grösseren Städte auch in der Schweiz eine grosse wirtschaftliche Bedeutung. Besonders an der Schweiz ist allerdings ihre Kleinräumigkeit. Die grossen schweizerischen Städte gehören im internationalen Vergleich zu den Städten mittlerer Grösse. In «Greater London» wohnen mehr Menschen als in der ganzen Schweiz, auf weniger als 5% der Fläche der Schweiz.[105] Schweizer Agglomerationsgemeinden wären in vielen anderen Ländern politisch Teil der Kernstadt. Zusammen mit der grossen finanzpolitischen Autonomie der schweizerischen Kantone und Gemeinden führt diese Kleinräumigkeit zu einer ausgeprägten Differenzierung bei der Steuerbelastung.

Die Städte weisen in der Regel hohe Steuern auf. In unmittelbarer Nähe finden sich Gemeinden mit vielen einkommensstarken Haushalten, was tiefere Steuern ermöglicht. Insbesondere im Falle von Zürich kommt der interkantonale Steuerwettbewerb hinzu. Die Innerschweizer Kantone Zug und Schwyz setzen schon seit einigen Jahrzehnten auf tiefe Steuern als Standortfaktor und konnten einen Teil der in Zürich arbeitenden Hochqualifizierten und ihre Familien anziehen. Weitere Faktoren, welche die Standortqualität bestimmen, sind eine schöne Aussicht und eine gute Verkehrsanbindung.

Diese Standortfaktoren werden auf Ebene einzelner Immobilien in hedonischen Modellen erfasst.[106] Sie zeigen sich aber bereits bei Zahlen zu den durchschnittlichen kantonalen Mieten und Preisen. Die Mieten sind in Genf, Zug, Zürich, Waadt, Basel-Stadt und Schwyz, und damit in Kantonen mit grossen Zentren und in solchen mit tiefen Steuern am höchsten. Bei den Preisen zeigt sich ein ähnliches Bild.[107]

9.1
9.2

104 Siehe Glaeser (2011); für eine etwas andere Sicht siehe Garreau (1992).
105 de.wikipedia.org/wiki/Greater_London [abgerufen am 29.9.2022].
106 Beispielsweise dargestellt in Sconamiglio (2000).
107 Aufgrund einer kleinen Anzahl von Transaktionen können die Daten in Einzelfällen verzerrt sein. Die hohen Preise für Eigentumswohnungen im Kanton Uri dürften beispielsweise auf das kleine Volumen zurückzuführen sein.

9.1 Kantonale Unterschiede bei den Mieten

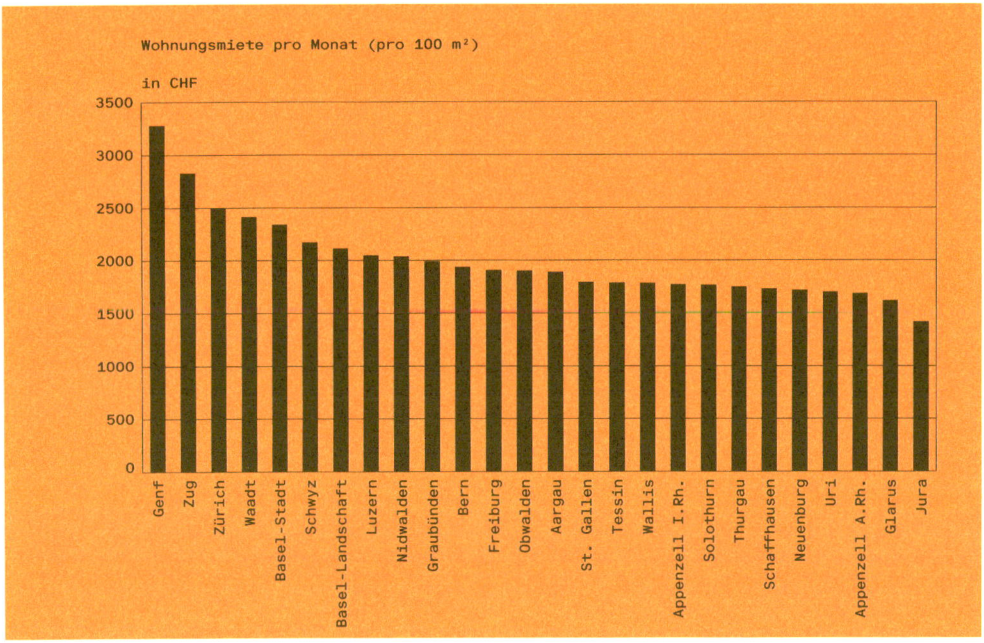

ImmoMapper.ch [abgerufen am 29.9.2022]

Regional unterscheiden sich die Mieten stark. In und in der Nähe der grossen städtischen Zentren und in Kantonen mit tiefen Steuern sind sie am höchsten.

9.2 Kantonale Unterschiede bei den Preisen

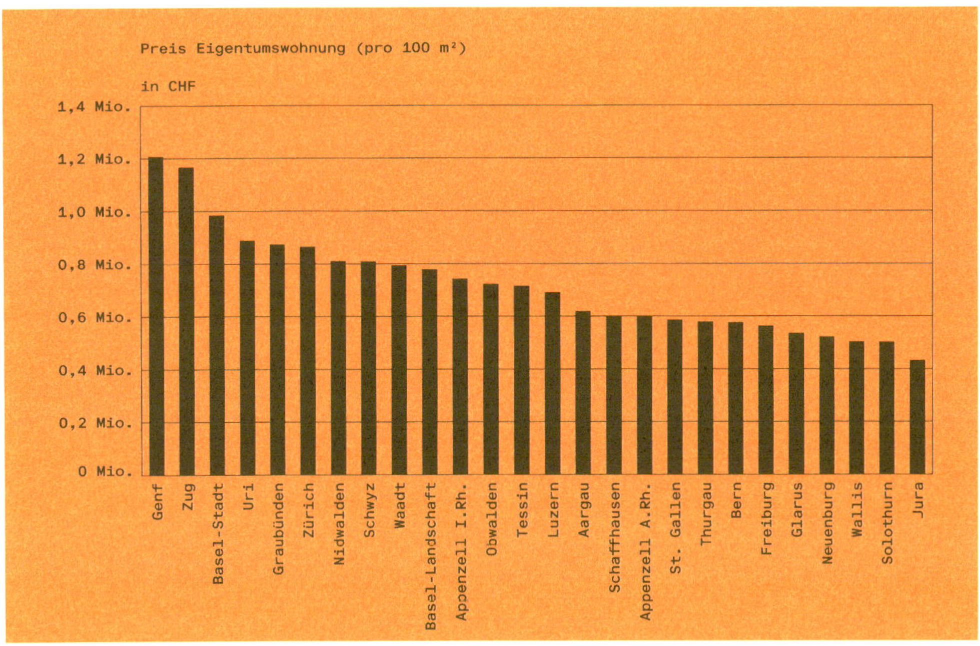

ImmoMapper.ch [abgerufen am 29.9.2022], Zahlen von Appenzell I.Rh. aufgrund von Vorjahreszahlen geschätzt

Auch die Preise für Eigentumswohnungen erreichen in Kantonen mit grossen städtischen Zentren und in Kantonen mit tiefen Steuern ihre höchsten Werte.

Beim Muster der Bautätigkeit der letzten zwanzig Jahre ergibt sich ein etwas anderes Bild. Prozentual am meisten neue Wohnungen wurden im Wallis und in Schwyz erstellt, gefolgt von Freiburg, Graubünden und Zug. Mit Wallis und Graubünden haben zwei dieser fünf Kantone eine stark touristische Orientierung, und es dürfte sich zu einem grossen Teil um Zweitwohnungen handeln. Wallis profitierte zudem vom 2007 eröffneten Lötschberg-Basistunnel, der das tägliche Pendeln nach Bern stark erleichtert. Auch Freiburg hat von der Nähe zur Hauptstadt profitiert. Bei Schwyz und Zug handelt es sich um Tiefsteuerkantone. In Schwyz wurde vor allem auf der grünen Fläche gebaut, in Zug kam eine Umnutzung von Industriearealen hinzu. In der ganzen Innerschweiz wurde überdurchschnittlich viel gebaut. Von den Kantonen mit grossen städtischen Zentren konnten hingegen nur Zürich und Waadt einen überdurchschnittlichen Zuwachs verzeichnen. 9.3

Im mittleren Bereich finden sich mit Thurgau, Aargau, St. Gallen und Solothurn Kantone in einer gewissen Nähe der Zentren, die vor allem mit relativ tiefen Baulandpreisen punkten konnten. Insbesondere für junge Familien mit Kindern, die ein Haus erwerben wollten, waren diese Kantone attraktiv, boten sie doch lange erschwingliche Preise.

Ein grundlegender Konflikt

Eine höhere Nachfrage schlägt sich in höheren Bodenpreisen nieder. Soll der Auftrieb beim Preis des Bodens begrenzt werden, kann mehr Bauland bereitgestellt werden. Je grösser die Angebotsausweitung, desto kleiner fällt der Anstieg der Preise aus. Dieser Trade-off folgt nicht nur einer grundlegenden ökonomischen Logik, sondern lässt sich auch international beobachten. Länder, welche die Grünzonen rund um die Städte streng schützen, weisen einen höheren Anstieg von Immobilien- und Bodenpreisen auf. Grossbritannien wäre ein Beispiel dafür.[108] In anderen Ländern, zu denken ist nicht zuletzt an die Vereinigten Staaten, stehen der Bereitstellung von neuem Bauland in der Regel wenige Hürden entgegen. Dort konzentriert sich der Preisanstieg auf die Zentren und ihre unmittelbare Umgebung, wo der Boden nur in begrenzter Menge vorhanden ist. 9.4

Ob die zuständigen Behörden diesen grundlegenden Konflikt zwischen Schutz des Bodens und Bodenpreis ebenfalls sehen, bleibt allerdings unklar. So ist oft von den negativen Effekten der Spekulation die Rede, die durch eine strenge Raumplanung eingeschränkt werden sollen.[109] Das erinnert an die Debatten in der Nachkriegszeit, als die Verantwortung für die hohen Preissteigerungen ebenfalls bei der Spekulation gesehen wurde.[110]

108 Siehe dazu Chesney et al. (2013), Ryan-Collins (2017) oder Hilber und Schöni (2016).
109 www.are.admin.ch/are/de/home/raumentwicklung-und-raumplanung/raumplanungsrecht/revision-des-raumplanungsgesetzes--rpg-/rpg1/fragen-und-antwortenzur-revision-des-raumplanungsgesetzes.html [abgerufen am 29.12.2022].
110 Siehe dazu beispielsweise Niehans (1966).

9.3 Neu erstellte Wohnungen pro Kanton

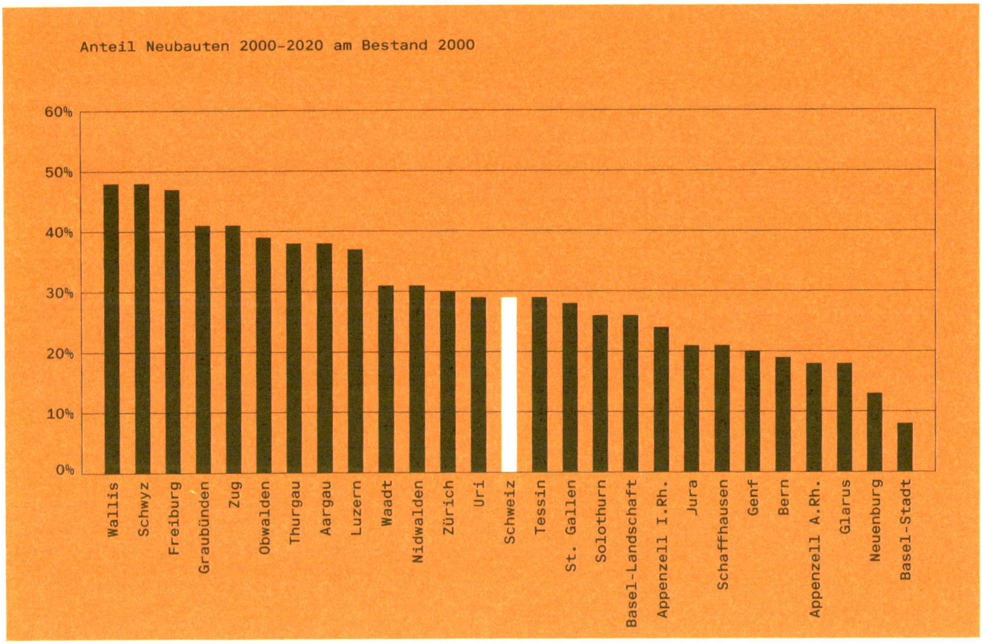

Eigene Berechnungen auf Basis von Daten des BfS

Bei den neu erstellten Wohnungen ergibt sich ein etwas anderes Bild als bei Mieten und Preisen. Neben steuergünstigen Kantonen der Innerschweiz sahen hier vor allem Kantone des Mittellandes und der Ostschweiz ein starkes Wachstum, angetrieben durch relativ tiefe Preise und die Erhältlichkeit von Bauland.

9.4 Der Konflikt zwischen Schutz des Bodens und Bodenpreis

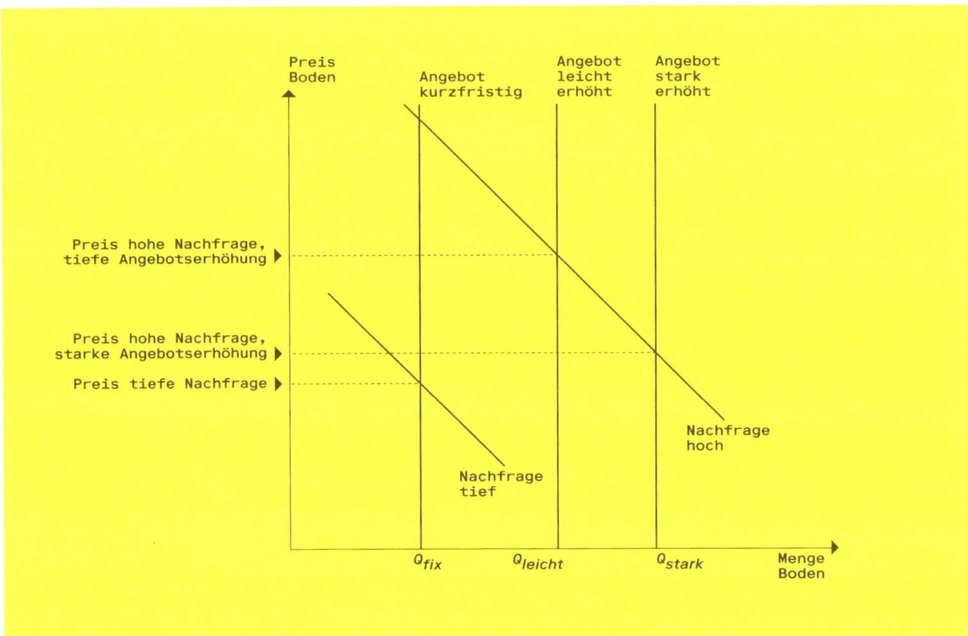

Eigene Darstellung

Zwischen Schutz des Bodens und günstigen Bodenpreisen besteht ein Konflikt. Je weniger neues Bauland erhältlich ist, desto grösser ist in einer wachsenden Wirtschaft der Preisanstieg.

In einigen Schweizer Städten, insbesondere in Winterthur, Zürich und Basel, wurden in den letzten Jahrzehnten grosse Industrieareale frei, die einen verstärkten Neubau von Wohnungen und Häusern erlaubten. Diese Reserven dürften bald aufgebraucht sein. Zusätzlicher Wohnraum lässt sich dann nur noch über eine Verdichtung erreichen. Das Potenzial zu einer Verdichtung bleibt allerdings begrenzt. Mehr Wohnungen auf einem bestimmten Areal können die Wohnqualität reduzieren, zum Beispiel über eine eingeschränkte Aussicht und weniger Licht. Werden die Bauten höher, so steigen die Baukosten. Eine Verdichtung setzt zudem oft eine Anpassung der Bau- oder der Zonenordnungen, im Minimum aber entsprechende Baubewilligungen voraus.

In der Praxis kommt es deshalb nach wie vor zu einer Ausbreitung der Bevölkerung auf die umliegenden Regionen. Dort gibt es noch bereits eingezonte Landreserven, und es bestehen zusätzliche Reserven in Form von einzonbarem landwirtschaftlichen Boden. Eine Umzonung von landwirtschaftlichem Land ist auf Gemeindeebene oft einfacher als die Verdichtung bestehender Quartiere, da sie lokal weniger Verlierer schafft und Kapitalgewinne für die Eigentümer des eingezonten Baulandes ergibt.

Umnutzung von Geschäfts- und Privatliegenschaften

Der Wohnungsmarkt funktioniert nicht in Isolation, sondern ist mit anderen Immobilienmärkten verbunden. Insbesondere in den Zentren von Dörfern und Städten kommt bei Gebäuden und Grundstücken in der Regel sowohl eine Nutzung als Wohnung als auch eine gewerbliche Nutzung in Frage. Steigt die Nachfrage im gewerblichen Bereich, hat dies auch Auswirkungen auf den lokalen Wohnungsmarkt und umgekehrt.

Bei Neubauprojekten kann der Boden für beide Zwecke verwendet werden, zumindest falls die entsprechenden Bewilligungen vorhanden sind. Bei bestehenden Immobilien ist eine Umnutzung ökonomisch oft machbar und sinnvoll. Aus Sicht der Eigentümer ist eine solche Umnutzung interessant, sollte die Rendite in einem Segment höher sein als in einem anderen. Ende 2022 bestand eine hohe Nachfrage nach Wohnraum, während insbesondere Büro- und Verkaufsflächen wenig gefragt waren.

Eine Umnutzung von Gewerbe- in Wohneinheiten wäre aber nicht nur aus Sicht des Eigentümers interessant, sondern auch volkswirtschaftlich von Vorteil. So kann eine Umnutzung helfen, Spitzen bei Mieten und Preisen zu brechen. Nach einem Rückgang der Nachfrage bei Geschäftsliegenschaften führt eine Umnutzung zu einem Rückgang des Angebots im Markt für Geschäftsliegenschaften und zu einem Anstieg des Angebots im Markt für Wohnliegenschaften. Kann die Nutzung frei gewählt werden, sollten sich die Mieten, korrigiert um den unterschiedlichen Ausbaustandard, in beiden Märkten angleichen. 9.5

Die staatliche Regulierung setzt einer solchen Umnutzung allerdings enge Grenzen. In Zonenordnungen ist festgelegt, wo sich Gewerbe- und wo Wohnliegenschaften befinden können. In den Zentren können Regeln für einzelne Gebäude bestehen. Umnutzungen, die im Prinzip einfach vorgenommen werden könnten, scheitern oft am Unwillen der Behörden, eine solche zuzulassen. Folgen sind unterschiedliche Preise und Mieten, die einen volkswirtschaftlichen Verlust darstellen.

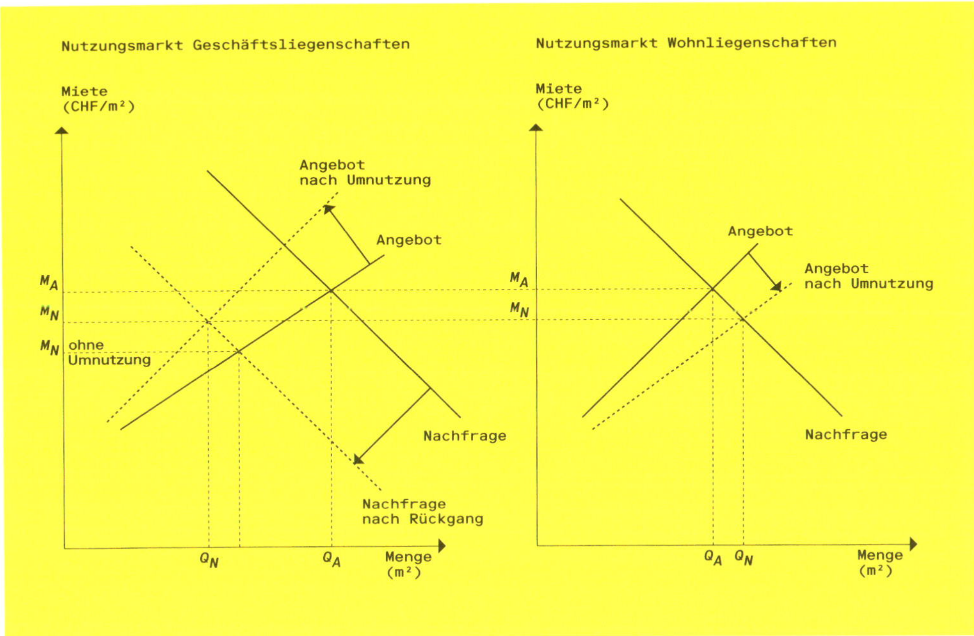

Eigene Darstellung

Die Märkte für Geschäfts- und für Wohnliegenschaften sind verbunden. Beide greifen auf den knappen Input Boden zurück und Umnutzungen sind oft möglich. Solche Umnutzungen können helfen, die Spitzen bei Preisen und Mengen in einem Markt zu brechen.

Die Raumplanung soll helfen, die Ausbreitung von Bevölkerung und Bebauung in geordnete Bahnen zu lenken. Lange war sie alleine Sache von Kantonen und Gemeinden, welche die Aufgabe sehr unterschiedlich handhabten.[111] Im Zentrum stand zuerst eine Trennung von Wohngebieten und gewerblichen Arealen. In ländlich geprägten Gebieten, in denen Streusiedlungen traditionell gebräuchlich waren, wurde noch lange ausserhalb der dörflichen Zentren gebaut. Die Herausforderungen im Bereich Infrastruktur und der Verbrauch an Boden sind bei Streusiedlungen deutlich grösser, weshalb deren weitere Entwicklung in vielen Gemeinden und Kantonen eingeschränkt wurde.

Das Bundesgesetz zur Raumplanung (RPG), das 1979 verabschiedet wurde, stellte einen Versuch dar, eine gewisse Ordnung in die räumliche Entwicklung der Schweiz zu bringen. Artikel 1 des Gesetzes deklariert die grundlegenden Ziele der Raumplanung: «Bund, Kantone und Gemeinden sorgen dafür, dass der Boden haushälterisch genutzt und das Baugebiet vom Nichtbaugebiet getrennt wird. Sie stimmen ihre raumwirksamen Tätigkeiten aufeinander ab und verwirklichen eine auf die erwünschte Entwicklung des Landes ausgerichtete Ordnung der Besiedlung. Sie achten dabei auf die natürlichen Gegebenheiten sowie auf die Bedürfnisse von Bevölkerung und Wirtschaft.»

Zudem sollen nach Artikel 1 des RPG Massnahmen ergriffen werden, welche die natürlichen Lebensgrundlagen wie Boden, Luft, Wasser, Wald und Landschaft schützen, die Siedlungsentwicklung nach innen lenken, dabei aber für eine angemessene Wohnqualität sorgen, kompakte Siedlungen und gleichzeitig gute Voraussetzungen für die Wirtschaft schaffen, das soziale, wirtschaftliche und kulturelle Leben in den einzelnen Landesteilen fördern und gleichzeitig auf eine angemessene Dezentralisation von Besiedlung und Wirtschaft hinwirken. Zudem soll die ausreichende Versorgungsbasis des Landes gesichert bleiben.

Bereits aus diesem ersten Artikel des RPG wird damit ein erstes grundlegendes Problem der schweizerischen Raumplanung ersichtlich: Es gibt eine Vielzahl von Zielen, die sich in der Praxis oft widersprechen. Einerseits sollen Siedlungen kompakter werden und nach innen wachsen, andererseits soll die Dezentralisation erhalten bleiben. Die Wirtschaft soll gefördert werden, gleichzeitig soll aber die Landesversorgung – gemeint ist nicht zuletzt die Versorgung mit landwirtschaftlichen Produkten – gesichert bleiben. Was der haushälterische Umgang mit dem Boden in der Praxis bedeuten soll, bleibt zudem offen.

Die Raumordnung sollte angesichts der engen wirtschaftlichen und sozialen Verflechtung für die ganze Schweiz konzipiert und abgestimmt werden. Die Hauptverantwortung für die Umsetzung der Raumplanung liegt aber nach wie vor bei Kantonen und Gemeinden, ein zweites grundlegendes Problem. Die Kantone sind für Richtpläne zuständig, die in Planungs- und Baugesetzen festgelegt sind und den Gemeinden einen gewissen Orientierungsrahmen geben, wo und wie sie sich entwickeln sollen. Wo und wie gebaut werden kann, wird aber letztlich durch die Gemeinden bestimmt. Bei der Verwendung des

111 Siehe Lendi (2010) oder Gmünder (2010) für eine Übersicht.

Bodens und der Regelung des Bauens spielen die Gemeinden deshalb eine zentrale Rolle. In Zonenordnungen bestimmen sie, wo gebaut werden kann, in Bauordnungen, wie gebaut werden kann. Für Baubewilligungen sind ebenfalls die Gemeinden zuständig. Einsprachen können Projekte scheitern lassen oder zumindest zu grossen zeitlichen Verzögerungen führen.

Das Wachstum nach innen und der haushälterische Umgang mit dem Boden sollten zu einem grossen Teil über eine Verdichtung erreicht werden. Ob und wo diese stattfinden kann, entscheiden damit letztlich die mehr als 2000 Schweizer Gemeinden. Die nötigen Bewilligungen werden oft nicht gewährt.[112] So können Bedenken bezüglich einer Beeinträchtigung des Ortsbildes eine Rolle spielen. Oder die aktuellen Bewohner eines Quartiers wehren sich gegen eine verdichtete Bauweise, um den Charakter des Quartiers nicht zu verändern oder ihre eigenen Immobilien nicht abzuwerten. Gemeinden können auch versuchen, über die Bau- und Zonenordnung Haushalte mit tiefen Einkommen fernzuhalten.[113] Eine Verdichtung bedingt zudem oft den Abbruch der bestehenden Gebäude, was aufgrund des Verlustes von günstigem Wohnraum oder historischer Bausubstanz Widerstand hervorruft.[114] Und vielfach ist ein Neubau auf der grünen Wiese die attraktivere Alternative, sollte das entsprechende Bauland vorhanden sein.

Mit der Revision des Raumplanungsgesetzes, das 2014 in Kraft trat, wurden gewisse zentrale Vorgaben eingeführt. Die revidierte Fassung verpflichtet die Kantone, die künftige Siedlungsentwicklung in ihren Richtplänen zu berücksichtigen. Sind die Baulandreserven zu gross, so sind die Kantone und insbesondere die betroffenen Gemeinden verpflichtet, Rückzonungen vorzunehmen. Ziel ist eine Reduktion des Bauens abseits der dörflichen Zentren, wo sich ein Grossteil der Baulandreserven befindet. Konkret gelten Baulandreserven dann als zu gross, wenn sie den Bedarf der nächsten fünfzehn Jahre übersteigen. Sollten diese Rückzonungen nicht erfolgen, kann der Bund dem entsprechenden Kanton jegliche Neueinzonungen untersagen. Kantone müssen zudem bei Umzonungen eine Mehrwertabgabe von mindestens 20 % einführen. Die Einnahmen dieser Abgabe sollen unter anderem dazu genutzt werden, entschädigungspflichtige Rückzonungen zu finanzieren. Diese Vorgaben stellen einen ersten ernsthaften Versuch des Bundes dar, die lokalen Entscheide zu beeinflussen.

Mit dem «Raumkonzept» wurde zudem ein erster Anlauf zu einer gesamtschweizerischen Planung unternommen.[115] Dazu wurden zwölf Handlungsräume definiert: vier grossstädtisch geprägte Handlungsräume (Zürich, Basel, Métropole Lémanique, Hauptstadtregion Schweiz), fünf klein- und mittelstädtisch geprägte Handlungsräume (Luzern, Città Ticino, Jurabogen, Aareland, Nordostschweiz) und drei alpine Handlungsräume (Gotthard, Westalpen, Ostalpen). Jeder dieser

112 Gmünder (2010) weist darauf hin, dass auch innerhalb der bestehenden Bau- und Zonenordnungen noch ein grosses Potenzial für Verdichtung besteht.
113 Trübestein et al. (2020) diskutieren die Probleme aus Sicht der Immobilienwirtschaft. Fischel (1987) enthält eine polit-ökonomische Analyse von Zonenordnungen.
114 Siehe Kälin (2021) für zwei Beispiele aus der Stadt Zürich.
115 Schweizerischer Bundesrat et al. (2012).

Handlungsräume hat seine eigenen Besonderheiten und Stärken, die laut Konzept genutzt und weiterentwickelt werden sollen. Insbesondere sollen Verkehr, Energie und Raumentwicklung besser aufeinander abgestimmt werden. Mit den vom Bund alimentierten Agglomerationsprogrammen bestehen auch finanzielle Anreize zur Koordination von Verkehrsinfrastruktur und Siedlungsentwicklung. Das Raumkonzept basiert aber letztlich auf denselben Zielen und Instrumenten wie das Raumplanungsgesetz und leidet damit auch unter denselben Schwächen: widersprüchliche Ziele und schwache Instrumente.

Gebäude und Energieverbrauch 10

Immobilien unterscheiden sich nicht nur in Bezug auf ihre Lage, sondern auch in Bezug auf ihren Ausbaustandard. Für einen Eigentümer stellt sich damit die Frage, wie hoch die Mehrinvestitionen ausfallen sollen, so dass sie über höhere Mieten oder bei Eigengebrauch über einen höheren Komfort kompensiert werden können. Dieselbe Frage stellt sich auch bei der Renovation einer Liegenschaft. Investitionen führen zu einem zusätzlichen Nutzen für die Bewohner und rechtfertigen damit grundsätzlich auch eine höhere Miete. Allerdings sind die bestehenden Mieter mit diesem Aufschlag möglicherweise nicht einverstanden. Hier spielt das Mietrecht eine wichtige Rolle, das nur gewisse Aufschläge zulässt.

Die Abwägung zwischen Kosten und Nutzen betrifft nicht zuletzt energetische Renovationen. Energieverbrauch und Klimapolitik werden im Immobilienbereich in den nächsten Jahrzehnten eine wichtige Rolle spielen. Der Bund hat für den Gebäudebereich ambitionierte Klimaziele gesetzt. Bis 2050 soll der Ausstoss von Treibhausgasen im Gebäudebereich netto auf null gesenkt werden, trotz eines kräftigen prognostizierten Bevölkerungswachstums.[116] Dies setzt einerseits eine weitere Reduktion des Energieverbrauchs pro Wohnung, andererseits eine komplette Verschiebung des verbleibenden Energiebedarfs in Richtung erneuerbare Energien voraus. Die Herausforderung wird dadurch erheblich gemildert, dass sich Gebäude auch als Produktionsstandort von erneuerbarer Energie eignen.

116 Bundesrat (2021).

Qualitätsunterschiede bei Gebäuden

Gebäude wurden bisher als homogene Einheiten behandelt. In der Realität sind die Unterschiede beim Standard von Aussenhülle und Innenausbau aber natürlich gross und stellen neben der Lage den zweiten zentralen Grund für Preisunterschiede zwischen Immobilien dar. Solche Unterschiede lassen sich im Modell grundsätzlich einfach hinzufügen. Immobilien mit einem besseren Ausbaustandard ergeben für die Bewohner einen höheren Nutzen und können am Mietmarkt eine höhere Miete erzielen. Dies wiederum steigert ihren Preis am Investitionsmarkt. Höhere Investitionen führen damit im Gleichgewicht zu einem höheren Preis, bei einem unveränderten Preis des Bodens. 10.1

Das gleiche Kalkül sollte im Prinzip auch bei Renovationen spielen. Eine Renovation sollte über ihre Lebenszeit den Nutzen so weit erhöhen, dass die Wertsteigerung die Kosten der Renovation mindestens kompensiert. Basierend auf einer Differenzversion von *Gleichung 3c* sollte damit gelten: S.32

$$\textit{Renovationskosten} \leq \Delta P = \sum_0^T \Delta M(t) / R(t)$$ 10a

Für einzelne Immobilien werden die Renovationen vom Markt aber möglicherweise nicht ausreichend kompensiert. Dies gilt vor allem dann, wenn der Eigentümer bei der Art und dem Ausmass der Renovation Ausstattungsmerkmale gewählt hat, die von potenziellen Käufern als wenig attraktiv eingeschätzt werden. Für eine einzelne Immobilie gilt damit möglicherweise nicht mehr, dass die Wertsteigerung die Renovationskosten mindestens kompensiert.

Bisher wurde von Renovationen gesprochen, welche die Qualität einer Immobilie erhöhen. Von solchen qualitätserhöhenden Renovationen sind die Erneuerungsrenovationen zu unterscheiden, die nur den erlittenen Verschleiss ausgleichen und damit den Standard der Immobilie auf ihrem ursprünglichen Niveau halten. Im Vergleich zum Zustand vor der Renovation wird der Komfort zwar erhöht, im langfristigen Vergleich ergibt sich jedoch lediglich ein Erhalt des ursprünglichen Niveaus.

Renovationen bei Mietwohnungen

In einem unregulierten Mietwohnungsmarkt wird der Zustand der Immobilie bei neuen Mietverhältnissen ebenfalls in den Mietzins einfliessen. Kommt es in der Folge zu einem Verschleiss, wird der Mietzins dagegen in der Regel nicht mehr angepasst. Eine fehlende Anpassung der Miete an Marktverhältnisse kann in diesem Fall eine Kompensation für die Abwertung darstellen. In einem regulierten Mietwohnungsmarkt schränkt das Mietrecht die möglichen Anpassungen bei den Mieten ein. Renovationen betreffen zudem oft bestehende Mieter, die mit Umbauten oder einer Erhöhung der Qualität nicht immer einverstanden sind.

In der Schweiz spricht man bei Renovationen, welche die Qualität erhöhen, von wertvermehrenden Renovationen, bei den übrigen von werterhaltenden Renovationen. Bei Letzteren erlaubt das Mietrecht keine Erhöhung des Mietzinses. Bei wertvermehrenden Renovationen

10.1 Qualitätsunterschiede im Marktgleichgewicht

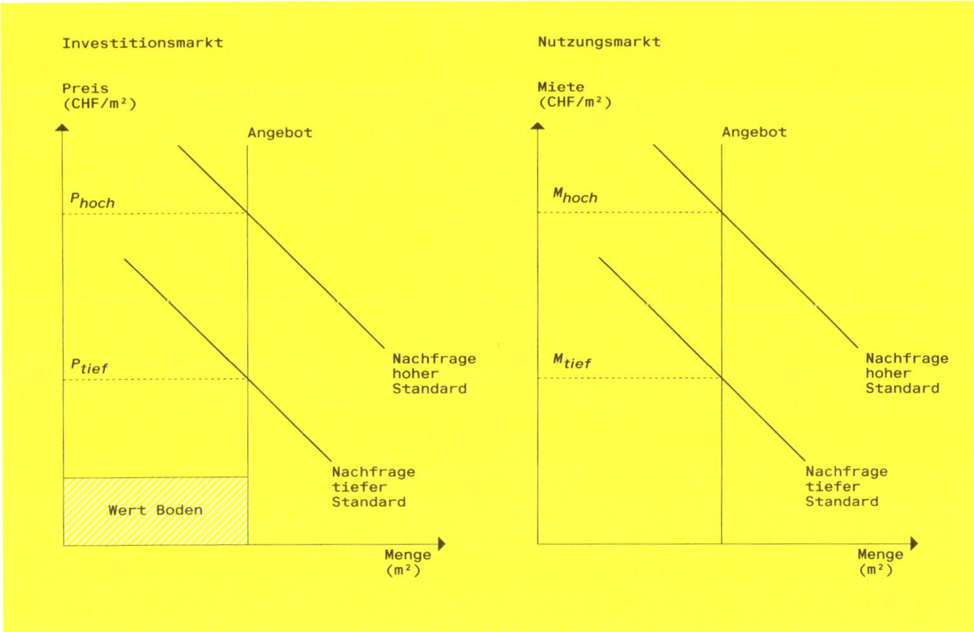

Eigene Darstellung

Immobilien höherer Qualität können einen höheren Preis und eine höhere Miete erzielen. Zusätzliche Investitionen lohnen sich, solange der Gegenwartswert der zusätzlichen Mieterträge die Kosten für die Renovation übersteigt.

können die Mieten so weit erhöht werden, dass die Abschreibungen auf der Renovation zuzüglich mittleren Zinskosten und Unterhalt der Renovation kompensiert werden. Beim Zinssatz ist der Referenzzinssatz relevant. Da die Renovation abgeschrieben wird, darf nur die Hälfte dieses Zinssatzes verrechnet werden. Bei einer Renovation von 100 000 Franken mit einer Lebenszeit von 25 Jahren und bei einer zulässigen Rendite von 3,25 %, wie sie Ende 2022 galt,[117] können beispielsweise eine jährliche Abschreibung von 4000 Franken, eine Kompensation der Kapitalkosten von 1625 Franken sowie Unterhaltungskosten von 1000 Franken auf den Mieter überwälzt werden. Jährlich kann der Mietzins damit um 6625 oder monatlich um 552 Franken erhöht werden.

Da die Lebensdauer einer Renovation in der Praxis nur mit Schwierigkeiten festzustellen ist, muss sie ebenfalls vorgegeben werden. In der Schweiz kommt die sogenannte «paritätische Lebensdauertabelle» zur Anwendung, die vom Hauseigentümerverband und vom Mieterinnen- und Mieterverband gemeinsam erarbeitet wurde und auf Erfahrungswerten bei einer mittleren Material- und Arbeitsqualität und bei normaler Beanspruchung durch die Mieterschaft beruht.[118] Diese Lebensdauertabelle dient auch der Berechnung der vom Mieter bei einem Auszug zu bezahlenden Schäden.

Energetische Renovationen

Bei Renovationen, die den Energieverbrauch senken, gelten ähnliche Überlegungen wie bei den übrigen Renovationen. Die Erhöhung der Leistungen tritt allerdings nicht nur indirekt über den Komfort, sondern auch direkt in Form von tieferen Nebenkosten in Erscheinung. Damit ist ein direkter Vergleich zwischen Investitionskosten und Kosteneinsparungen beim Energieverbrauch möglich. Investitionen lohnen sich aus finanziellen Gründen dann, wenn die Kosten kleiner sind als der abdiskontierte Gegenwartswert der zukünftigen Einsparungen:[119]

$$\mathit{Renovationskosten} \leq \sum_0^T \Delta NK(t) \,/\, R(t)$$ 10b

Ob sich eine Renovation lohnt, hängt vom Zustand des Gebäudes und einer Reihe anderer Faktoren ab, nicht zuletzt von den Energiepreisen. Bei höheren Preisen für fossile Brennstoffe lohnen sich die Sanierungen in fossil beheizten Gebäuden eher, wobei auch die CO_2-Abgabe eine Rolle spielt. Zudem können Subventionen und Vorschriften den Entscheid zu einer Sanierung beeinflussen.

In der Praxis dürften sich Renovationen finanziell oft lohnen. Zumindest stützen Zahlen zur Amortisationszeit einer Reihe von ener-

117 Diese setzt sich zusammen aus dem Referenzzinssatz von 1,25 % und dem Zuschlag für die Eigenkapitalverzinsung bei einem Referenzzinssatz von weniger als 2 %.

118 Siehe zum Beispiel HEV Schweiz: www.hev-schweiz.ch/vermieten/verwalten/lebensdauertabelle/ [abgerufen am 29.9.2022].

119 Zu diesem monetären Nutzen kommt in der Regel noch ein erhöhter Komfort.

getischen Sanierungen diese Hypothese.[120] In einer Untersuchung von Wüest Partner wurde zudem festgestellt, dass die Reduktion der Nebenkosten den mietrechtlich erlaubten Anstieg der Nettomiete bei elf von zwölf der untersuchten Objekte mehr als kompensierte, die Renovation sich damit zumindest aus Sicht der Mieter finanziell lohnte.[121] Bei der gleichen Untersuchung erhöhte sich der Wert der Liegenschaft aber nur in zehn von zwölf Fällen, dies um einen nicht genannten Betrag. Da sich energetische Renovationen finanziell oft lohnen, sind die Mitnahmeeffekte bei staatlichen Förderprogrammen zudem hoch.[122]

Grund für ausbleibende Sanierungen könnten neben Informations- auch Anreizprobleme darstellen, insbesondere die Verteilung von Kosten und Nutzen auf Mieter und Vermieter. Bei einer Mietwohnung kommen die tieferen Nebenkosten dem Mieter zugute. Ein Mieter profitiert, falls die durch die Sanierung ausgelöste Erhöhung des Nettomietzinses kleiner ausfällt als die Reduktion der Nebenkosten. Der Vermieter profitiert über die höheren Nettomieteinnahmen ebenfalls, falls die Renovationskosten auf die Miete überwälzt werden können.[123] Das ist aber nur teilweise der Fall, da beispielsweise bei umfassenden Erneuerungsrenovationen nur 50 % bis 70 % der Renovationskosten als wertvermehrend eingestuft werden. Zwar scheint dies in der Praxis ein relativer hoher Wert zu sein.[124] Er könnte allerdings trotzdem einen unzureichenden Anreiz für Investitionen ergeben. Dazu kommt ein oft fehlendes Angebot auf Seiten von Handwerkern und Baufirmen. Diese Faktoren könnten dazu beitragen, dass die energetischen Sanierungen auf einen Zeitpunkt verschoben werden, an dem ohnehin Erneuerungsrenovationen fällig werden.

Reduktion der CO_2-Emissionen

Aktuell ist der Gebäudebereich für rund zehn Millionen Tonnen CO_2-Äquivalente oder rund einen Viertel der gesamten Emissionen der Schweiz verantwortlich. Diese stammen aus dem Energieverbrauch von Dienstleistungen und Haushalten, wobei erstere für rund drei und letztere für rund sieben Millionen Tonnen verantwortlich sind.[125] Seit 1990 sind die CO_2-Emissionen von Gebäuden um rund sechs Millionen Tonnen gesunken, der Anteil am gesamten Ausstoss von rund 31 % auf 24 %. Dieser Rückgang reflektiert die gemachten Anstrengungen in den Bereichen Isolation, Verwendung von erneuerbaren Energien und sparsamerem Heizen.

10.2

120 www.energieheld.ch/renovation [abgerufen am 29.9.2022].
121 Frey et al. (2020).
122 UVEK (2022) gibt eine Übersicht und diskutiert Möglichkeiten, wie diese Mitnahmeeffekte reduziert werden könnten.
123 Gantenbein et al. (2020) zeigen, dass die Nettomiete in Minergie-Gebäuden 3,5 % bis 5 % höher ist.
124 King et al. (2019) schätzen die effektiven Anteile in einer Reihe von Projekten.
125 Das Bundesamt für Umwelt (BAFU) weist für den Gebäudebereich im Jahre 2020 einen Ausstoss von rund 11,5 Millionen Tonnen CO_2-Äquivalenten aus (BAFU [2022]). Zwischen den Zahlen des BfS und den Zahlen des BAFU besteht damit ein erheblicher Unterschied.

10.2 CO_2-Emissionen nach Sektoren, 1990–2020

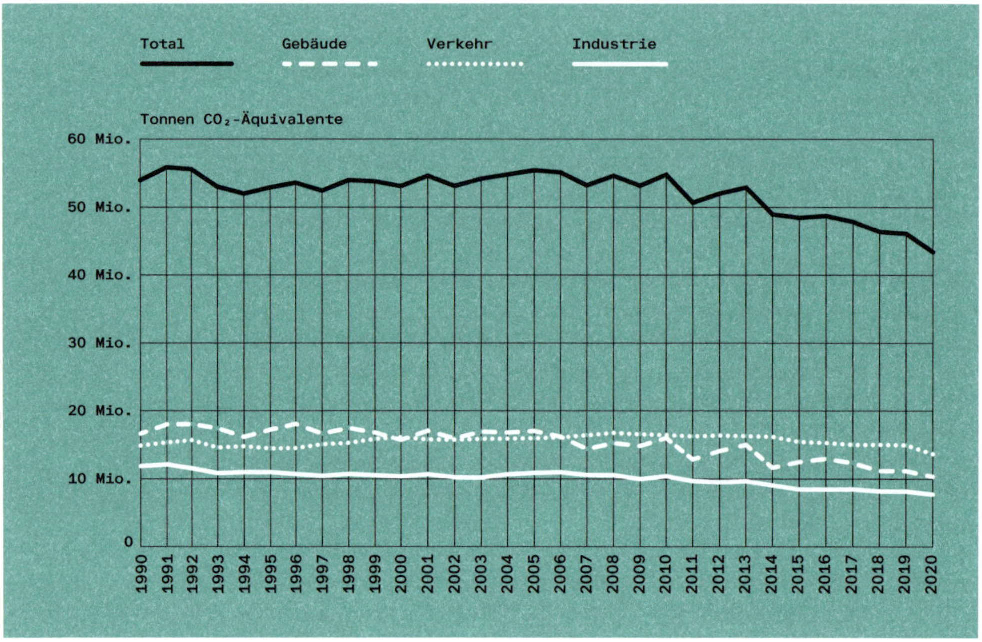

BfS

Der Gebäudesektor trug in den letzten vierzig Jahren einen grossen Teil zur Reduktion der CO_2-Emissionen bei, dank besserer Isolation und der Verwendung von erneuerbaren Energieträgern.

Würde sich der seit 1990 beobachtete Rückgang auch in Zukunft weiter fortsetzen, so wäre bis 2050 noch mit Emissionen von rund 6,5 Millionen Tonnen zu rechnen. Bis 2050 soll der Beitrag des Gebäudesektors gemäss Vorstellungen des Bundesrates aber auf eine Netto-null gesenkt werden. Dies wird zusätzliche Anstrengungen sowohl bei der Wärmedämmung als auch beim Einsatz von erneuerbaren Energieträgern nötig machen.

Bei der Wärmedämmung besteht sicherlich noch ein grosses ungenutztes Potenzial. Die Schweiz hat einen Immobilienpark mit vielen alten Gebäuden, die energetisch oft weit von einem optimalen Standard entfernt sind. Es wird geschätzt, dass pro Jahr nur rund 1% des Gebäudebestandes energetisch saniert wird, womit eine komplette Sanierung rund hundert Jahre dauern würde.[126] Auch der Einsatz von Wärmepumpen und Solarenergie könnte noch stark ausgeweitet werden. Zudem dürfte in Zukunft verstärkt grünes Gas zum Einsatz kommen, gewonnen aus der Verwertung von Bioabfällen, den Emissionen von Nutztieren und Kläranlagen sowie der Speicherung von Strom aus Photovoltaik und Windkraft.

Bei der Produktion von Strom mithilfe von Photovoltaik und Windkraft besteht das Problem, dass die Produktion nicht dann ihre Spitzenwerte erreicht, wenn auch die Nachfrage am höchsten ist. Insbesondere im Winter ist die Produktion tief. Im Moment steht vor allem die Speicherung dieser erneuerbaren Energie in Pumpspeicherkraftwerken im Vordergrund. In Zukunft könnte auch eine Speicherung in Form von Gas, bekannt als «Power-to-Gas», eine Lösung darstellen. Das grüne Gas könnte für die lokale Wärmeproduktion eingesetzt werden, unter Nutzung der bestehenden Gasnetze. Oder es könnte für die Produktion von Winterstrom verwendet werden, der bei Wärmepumpen rund 30% des Energieverbrauchs ausmacht.[127] Der verstärkte Einsatz dieses grünen Gases für den Wärmebedarf wird allerdings in Konkurrenz zur Nachfrage von Industrie und Verkehr stehen und damit Grenzen haben.

Sicherlich wird es weitere Anstrengungen benötigen, soll das Null-Ziel erreicht werden. Wie diese Anstrengungen am besten verteilt werden, hängt von einer Vielzahl von Faktoren ab. Zentral werden der zukünftige technische Fortschritt und die zukünftige Einbindung der Schweiz in die europäischen Strom- und Gasmärkte sein. Es dürfte deshalb von Vorteil sein, die einzuschlagende Strategie auf verschiedene Pfeiler abzustützen, die eine flexible Reaktion auf veränderte Rahmenbedingungen erlauben. Dies zeigen nicht zuletzt die aktuellen Probleme bei der Strom- und Gasversorgung in der Folge des Ukrainekriegs.

126 Hess et al. (2022).
127 Siehe dazu beispielsweise VSE (2022).

Herausforderungen für die schweizerische Wohnungspolitik

11

Insgesamt funktioniert der schweizerische Wohnungsmarkt nach wie vor gut, Wohnraum steht zu akzeptablen Preisen und in akzeptabler Qualität zur Verfügung. Zwar kam es immer wieder zu Phasen mit einer ausgesprochenen Knappheit an Wohnraum, das letzte Mal in den späten 1980er-Jahren. Damals gingen kräftige Preis- und Mieterhöhungen mit tiefen Leerbeständen einher, was die Wohnungssuche erheblich erschwerte. In den letzten Jahren wiederholte sich der Preisboom. In einem Marktsegment, dem Markt für Wohneigentum, kann ebenfalls von akuter Knappheit gesprochen werden. Gleichzeitig besteht als Alternative aber ein grosses Angebot an Mietwohnungen, von genereller Wohnungsnot kann deshalb keine Rede sein. Ausnahmen bestehen in einigen grossen Städten, wo erschwinglicher Wohnraum nur schwer zu finden ist. Ausweichmöglichkeiten sind aber meist im näheren und weiteren Umland vorhanden.

Die Situation Ende 2022 war damit vor allem wegen der hohen Preise und der möglichen Preiskorrekturen als besorgniserregend zu bezeichnen. Die Immobilienpreise sind laut Schätzungen der SNB inzwischen deutlich überbewertet. Es besteht das Risiko einer Immobilienkrise, sollten die Zinsen stark steigen oder es zu einer schweren Rezession kommen. Beides erscheint Anfang 2023 zwar nicht sehr wahrscheinlich, bleibt aber möglich. Probleme für hoch verschuldete Haushalte und kreditgebende Banken könnten die Folge sein.

In der längeren Frist stehen allerdings ganz andere Herausforderungen im Vordergrund. Der Bund erwartet bis 2050 einen Anstieg der Bevölkerung um weitere 1,8 Millionen Personen, mit einer entsprechenden Ausweitung der Nachfrage nach Wohnraum. Bisher wurde die zusätzliche Nachfrage über Neubauten und die Beanspruchung von neuem Bauland befriedigt, zulasten des landwirtschaftlichen Bodens. Es sind verstärkte Bemühungen zu beobachten, diesen Verlust zu stoppen. Damit wäre aber ein fundamentaler Mechanismus gestört, der bisher zu einem befriedigenden Funktionieren des schweizerischen Wohnungsmarktes beigetragen hat.

Auch von anderer Seite droht dem Wohnungsmarkt Gefahr. Nach wie vor wohnt die Mehrheit der schweizerischen Bevölkerung in Miete. Ein gutes Funktionieren des Mietmarktes ist damit zentral. Regulatorische Eingriffe in den Mietmarkt stellen dieses Funktionieren in Frage. Dazu tragen widersprüchliche Regeln im Mietrecht und eine Verschärfung der Regeln auf lokaler Ebene bei. Nicht zuletzt bedroht die verschärfte Regulierung ein ausreichendes Angebot an neuen Wohnungen.

Bevölkerungswachstum und Flächenbedarf

Um die Herausforderungen beim zukünftigen Flächenbedarf zu illustrieren, können die Bevölkerungsszenarien des Bundes mit Szenarien zur Entwicklung der Wohnfläche und des Wohnareals pro Kopf kombiniert werden, basierend auf den in *Kapitel 2* «Flächenbedarf und Wachstum» präsentierten Zahlen. Das Wachstum des Bodenbedarfs pro Person konnte in den letzten zehn bis fünfzehn Jahren gestoppt werden, während das Wachstum des Wohnraums pro Person anhält. Sollte sich diese Entwicklung fortsetzen, würde sich die benötigte Menge an Wohnfläche bis 2050 um über 35 % erhöhen, diejenige des Wohnareals um etwa 20 %. Der Mehrbedarf an Boden für Wohnzwecke würde damit etwa 25 000 Hektaren betragen. Dazu kommt noch ein Mehrbedarf für Verkehrsinfrastruktur und für andere Gebäude. 25 000 Hektaren entsprechen zwar weniger als 2 % der landwirtschaftlichen Fläche. Diese Fläche müsste aber nicht nur physisch erhältlich sein, sondern auch zu akzeptablen Preisen und an Lagen, an denen eine entsprechende Nachfrage besteht.

S.21

11.1

Schutz des unbebauten Bodens oder tiefe Bodenpreise

Bisher wurde der Konflikt zwischen Schutz des Bodens und erschwinglichem Bauland zugunsten des erschwinglichen Baulandes gelöst. Neues Bauland wurde in ausreichenden Mengen bereitgestellt, zulasten des landwirtschaftlichen Bodens. Zwar kam es zu einer Erhöhung der Bodenpreise, die sich insgesamt aber in Grenzen hielt. Davon zeugt nicht zuletzt ein Wachstum von Immobilienpreisen und Mieten, das langfristig unter dem Wachstum der Einkommen lag. Die Situation bei den Preisen Ende 2022 stellt eine Ausnahme dar, dürfte aber vor allem den ausserordentlich tiefen Zinsen geschuldet sein.

Das könnte sich in Zukunft ändern. Es gibt Bestrebungen, den Verlust an landwirtschaftlichem Boden zu reduzieren oder ganz zu vermeiden. Dazu tragen sowohl politische Kreise bei, die sich die Eigenversorgung des Landes mit Nahrungsmitteln auf die Fahnen geschrieben haben, als auch solche, welche die Natur und die unbebaute Fläche schützen möchten. Die Konsequenzen einer auf diese Art und Weise geänderten Bodenpolitik lassen sich an der Situation des Wohnungsmarktes in anderen Ländern ablesen. So besteht in England ein weitreichender Schutz der grünen Gürtel rund um die grossen Städte. Dies trug zwar zur Erhaltung von oft wenig intensiv genutztem Land bei, erhöhte aber den Druck auf die Bodenpreise in den Städten. Dort kam es in den letzten Jahrzehnten zu massiven Preissteigerungen bei

11.1 Das zukünftige Wachstum von Wohnfläche und Wohnareal, 1980-2050

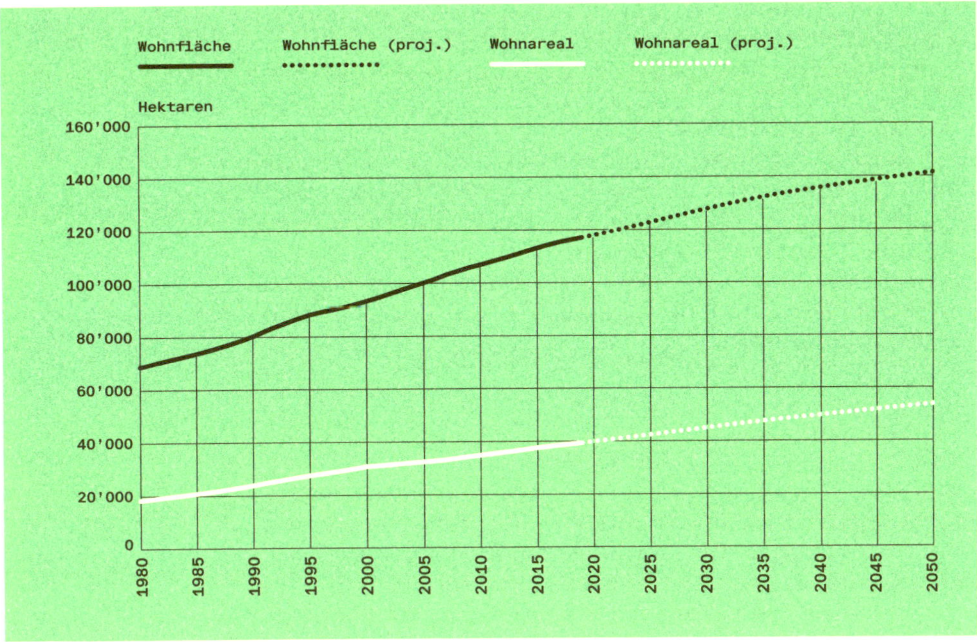

Eigene Berechnungen auf Basis von Daten des BfS

Der Anstieg des Verbrauchs an Boden für Wohnzwecke wird vor allem durch die Bevölkerungsentwicklung getrieben. Bis 2050 rechnet der Bund mit einer um 20 Prozent gestiegenen Bevölkerung.

einem gleichzeitigen Mangel an attraktivem Wohnraum.[128] Eine deutliche Steigerung der Bodenpreise würde früher oder später auch in der Schweiz auf den Mietwohnungsmarkt durchschlagen.

Die zusätzlich benötigten Mengen an Bauland erscheinen klein, wenn sie mit der Fläche des landwirtschaftlich genutzten Bodens verglichen werden. Zudem bestehen Baulandreserven, die noch nicht überbaut sind. Gemäss Bauzonenstatistik waren 2012 knapp 20 % der Bauzonen nicht überbaut, das entspricht rund 40 000 Hektaren.[129] Allerdings liegt ein Grossteil dieses Baulandes in ländlichen und touristischen Regionen. Das Bevölkerungswachstum wird sich dagegen auf die Regionen rund um die Zentren konzentrieren, weshalb diese Reserven nur einen begrenzten Beitrag zur Lösung der zukünftigen Herausforderungen darstellen.

Bedrohter Mietwohnungsmarkt

Neben einem ausreichenden Angebot an Wohnungen hat in den letzten Jahren auch die Mietzinsregulierung zu einer Begrenzung der Mietzinserhöhungen beigetragen. Die Kostenformel führte wegen der sinkenden Zinsen zu einer Senkung vieler Mieten. Gefahr droht bei einer Zinswende. Sollten die Zinsen in den nächsten Jahren signifikant steigen, könnte es zu einem eigentlichen Mietzinsschock kommen. Dieser würde vor allem Mietverhältnisse treffen, denen als Basis sehr tiefe Referenzzinssätze zugrunde liegen.

Bei Neuvermietungen spielt dagegen in den meisten Regionen der Schweiz nach wie vor der Markt, da die Mietzinsregulierung bei neuen Mietverhältnissen kaum durchgesetzt wird. Diese Praxis stösst allerdings auf zunehmenden Widerstand. So haben einzelne Kantone eine Formularpflicht bei Mieterwechseln eingeführt, wie sie 2016 vom schweizerischen Parlament noch abgelehnt wurde.[130] Die Formularpflicht erleichtert das Anfechten des vertraglich festgelegten Mietzinses bei neuen Mietverhältnissen. Wie stark der Effekt auf den Mietwohnungsmarkt ausfallen wird, hängt davon ab, zu wie vielen Anfechtungen es kommt und ob die Vermieter bei den Angebotsmieten zurückhaltender werden.[131]

Die Suche nach Rendite begünstigte Totalrenovationen oder den Abbruch von Häusern. Die Neubauten werden oft zu einer Verdichtung benutzt, was in Bezug auf die zukünftigen Herausforderungen als positiv einzuschätzen ist. Allerdings verschwindet dadurch günstiger Wohnraum, womit sich das Erschwinglichkeitsproblem in den Städten weiter verschärft. Die kürzlich angenommene Initiative zu neuen Bewilligungspflichten für den Abbruch oder die Totalrenovation von Wohnliegenschaften in Basel-Stadt zeigt das Konfliktpotenzial auf.[132]

128 Siehe dazu Chesney et al. (2013), Ryan-Collins et al. (2017) oder Hilber und Schöni (2016).
129 UVEK (2013).
130 Eine solche Formularpflicht besteht aktuell in Basel-Stadt, Genf, Luzern, Neuenburg, Waadt, Zug und Zürich: www.mieterverband.ch/mv/mietrecht-beratung/ratgeber-mietrecht/top-themen/anfangsmietzins.html [abgerufen am 29.9.2022].
131 Bleiker (2013) findet gewisse Effekte der Formularpflicht im Kanton Zürich.
132 Siehe Regierungsrat des Kantons Basel-Stadt (2022).

Der Mietwohnungsmarkt benötigt ein ausreichendes Angebot, auch ohne tiefe Zinsen und Anlagenotstand. Die Anreize des privaten Sektors für einen Ausbau des Angebots müssen deshalb erhalten bleiben. Dazu braucht es eine Mietzinsregulierung, welche die Interessen der Vermieter ebenfalls ausreichend berücksichtigt. Die Vorstellung, dass ein staatlicher oder staatlich geförderter Sektor das fehlende Angebot bereitstellen könnte, erscheint angesichts des benötigten Volumens an neuen Wohnungen als wenig realistisch. Das Erschwinglichkeitsproblem muss damit auf andere Weise gelöst werden. Eine höhere Zielgerechtigkeit des gemeinnützigen und des staatlichen Angebots für einkommensschwache Haushalte könnte hier einen wichtigen Beitrag leisten.

Reduktion der Klimaemissionen

Der Bundesrat möchte die Nettoemissionen von Klimagasen im Gebäudebereich bis 2050 auf null reduzieren. Eine entsprechende gesetzliche Grundlage besteht allerdings noch nicht, weshalb es sich vorerst um Pläne handelt. Der Gebäudebereich hat seit 1990 bereits mehr als die Hälfte der Reduktion der CO_2-Emissionen beigesteuert. Ein wichtiger Grund für diese hohe Einsparung war das grosse Potenzial bei der Produktion von Energie aus erneuerbaren Quellen. Wärmeproduktion ist technologisch einfach und sehr flexibel. Neben fossilen Brennstoffen und Strom kann Holz eingesetzt werden, ein in der Schweiz bislang reichlich vorhandener Rohstoff. Auf den Dächern kann Strom produziert werden, und auch mit Wärmepumpen kann fossiler Brennstoff ersetzt werden. Die Möglichkeit, CO_2-Emissionen ohne nennenswerte Reduktion des Komforts zu senken, macht den Gebäudeverbrauch zudem aus polit-ökonomischer Sicht zu einem attraktiven Zielbereich, dies ganz im Gegensatz zum Privatverkehr, wo der Widerstand gegen Lenkungsabgaben gross ist.

Das könnte sich in Zukunft ändern. Viele der einfachsten und günstigsten Möglichkeiten zu einer Reduktion der CO_2-Emissionen dürften bereits ausschöpft sein. Holz wird knapper und damit ebenfalls teurer. Bei der Wärmedämmung ist das Tempo bei den Sanierungen sehr langsam. Es sollte deshalb vor allem auf den weiteren Ausbau von erneuerbaren Energien gesetzt werden. Die Möglichkeit zur Produktion von Solarenergie auf und an Gebäuden und die Nutzung von Wärme im Untergrund reduzieren die Herausforderungen für den Gebäudebereich erheblich. Das Potenzial ist auch bei Liegenschaften gross, die ansonsten energetisch vieles zu wünschen übrig lassen.

Welcher Mix von Massnahmen letztlich gewählt wird, sollte auf Effizienzüberlegungen beruhen und eine genügende Flexibilität aufweisen. Ein sehr rascher technologischer Fortschritt und die grosse Bedeutung von politischen Rahmenbedingungen wie der Einbindung der Schweiz in die europäischen Gas- und Strommärkte erschweren Prognosen für die nächsten dreissig Jahre erheblich. Eine Festlegung auf eine bestimmte Strategie erscheint deshalb zum heutigen Zeitpunkt als wenig sinnvoll. Vielmehr sollte die Gesamtstrategie ausreichend flexibel gehalten werden, um in Zukunft eine Anpassung auf veränderte Rahmenbedingungen zu erlauben.

Bisher wurden die zentralen Herausforderungen des schweizerischen Wohnungsmarktes vor allem über Marktmechanismen gelöst. Dabei kam es immer wieder zu Friktionen, die in einem Markt mit einer sehr langsamen Anpassung des Bestandes wie dem Wohnungsmarkt aber nicht zu vermeiden sind. Phasen mit Wohnungsnot und schnell steigenden Preisen wechselten sich mit Phasen sinkender Preise und hohen Leerständen ab. In diesem Bereich sollte sich die Politik darauf beschränken, allfällige Übertreibungen zu limitieren.

Umstrittener ist die zukünftige Bodenpolitik. Die Zersiedelung soll gestoppt oder zumindest deutlich reduziert werden, ohne dass es zu Bodenpreissteigerungen und der daraus folgenden Verteuerung von Wohnraum kommt. Dies soll über eine verdichtete Bauweise erreicht werden. Wie eine ausreichende Verdichtung aussehen könnte, wird gelegentlich in Planspielen durchgerechnet. So rechnet eine Studie im Auftrag des Schweizerischen Städteverbandes mit einem bestehenden Potenzial für zusätzliche 2,7 Millionen Menschen, mehr als ausreichend für den bis 2050 erwarteten Bevölkerungszuwachs.[133] Weniger klar ist dagegen, wie diese Verdichtung in der Praxis erreicht werden könnte. Zwar gibt es viele erfolgreich umgesetzte Projekte in verdichteter Bauweise. Dabei handelt es sich aber oft um Neubauten auf ehemaligen Industriearealen oder auf der grünen Wiese, wo eine Verdichtung einfacher umzusetzen ist. Bei Ersatzbauten sind die politischen Hürden höher, der lokale Widerstand grösser.

Zudem soll die Verdichtung anscheinend ohne die entsprechenden preislichen Anreize erreicht werden. Aktuell führt die Verteuerung des Bodens zu einem starken Anreiz, den Boden haushälterisch zu nutzen. Gleichzeitig werden diese Bodenpreissteigerungen aber oft als Folge der Spekulation dargestellt und als unerwünscht deklariert. Offensichtlich besteht dabei die Hoffnung, dass sich die Verdichtung allein durch planerische Massnahmen erreichen lässt.

Die marktkritische Haltung zeigt sich auch im Mietwohnungsmarkt. Steigende Mieten werden von vielen Akteuren als grundlegendes Problem wahrgenommen. So befürwortete im Jahre 2013 beinahe die Hälfte der befragten Städte eine zeitlich befristete Beschränkung von Mietzinserhöhungen bei Wiedervermietung, gewissermassen einen Mietzinsdeckel.[134] Dasselbe Ziel verfolgte letztlich auch die Einführung der allgemeinen Formularpflicht. Mietzinserhöhungen sollten auf diese Weise verhindert und die Kostenmiete auch bei neuen Mietverhältnissen durchgesetzt werden. Und falls die private, renditeorientierte Bautätigkeit nicht mehr ausreicht, um den Mehrbedarf zu decken, soll der gemeinnützige Wohnungsbau die allfällige Lücke füllen.

Es besteht damit ein weit verbreitetes Misstrauen gegenüber den Marktkräften. Preiserhöhungen werden nicht als nützliches Signal, sondern als grundlegendes Problem wahrgenommen. Anstelle von Marktkräften sollen staatliche Eingriffe die Probleme lösen. Im Bereich Raumplanung fehlen bisher aber die notwendigen Instrumente, um einen solchen Paradigmenwechsel zu erreichen. Daran dürfte sich

133 Wüest Partner (2018).
134 BWO (2013).

in nächster Zukunft nichts ändern, da die lokale Autonomie in der Schweiz stark verankert ist.

Stärker gefährdet ist der Mietwohnungsmarkt. Die Gruppe der Eigentümer von Mietwohnungen setzt sich aus Pensionskassen, Immobiliengesellschaften und anderen juristischen Personen sowie aus vermögenden Privatpersonen zusammen. Diesen steht eine grosse Mehrheit von Mieterinnen und Mietern gegenüber. Die Versuchung könnte gross werden, die kurzfristigen Interessen der Mieterinnen und Mieter höher als die Interessen der Eigentümer zu gewichten. Bei schwerwiegenden Eingriffen wie einer flächendeckenden Durchsetzung der Kostenmiete droht aber ein Versiegen des Angebots an neuen Mietwohnungen, und das gute Funktionieren des Mietwohnungsmarktes wäre ebenso gefährdet wie die Versorgung einer wachsenden Bevölkerung mit Wohnraum. Angesichts der Bedeutung des Gutes Wohnen für den Wohlstand der schweizerischen Bevölkerung muss den Konsequenzen einer solchen grundlegenden Neuorientierung der Boden- und Wohnungspolitik ein spezielles Augenmerk geschenkt werden.

Literaturverzeichnis

Ahlfeldt, Gabriel M. und Daniel P. McMillen (2014), *Land Values in Chicago, 1913–2010. A City's Spatial History Revealed,* Land Lines, Lincoln Institute of Land Policy, April 2014, 15–21.

ARE (2008), *Revision des Raumplanungsgesetzes, Erläuternder Bericht*, Bern, Bundesamt für Raumentwicklung.

Arnott, Richard J. (1995), *Time for Revisionism on Rent Control?*, Journal of Economic Perspectives, 9, 99–120.

Arnott, Richard J. (2003), *Tenancy Rent Control*, Swedish Economic Policy Review 10, 89–121.

Arnott, Richard J. und Jack M. Mintz (1987), *Rent Control: The International Experience*. Kingston, Ontario, John Deutsch Roundtable on Economic Policy.

BAFU (2022), *Präsentation: Langfristige Klimastrategie der Schweiz und Rolle von Negativemissionstechnologien*, Bern, Bundesamt für Umwelt.

Balastèr, Peter (1989), *Mieten und Bodenpreise in der Sicht der Mikroökonomie*, Mitteilungsblatt für Konjunkturfragen 2/89.

Balchin, Paul (Hrsg.) (1996), *Housing Policy in Europe*, London, Routledge.

Barker, David und Jay Sa-Aadu (2004), *Is Real Estate Becoming Important Again? A Neo-Ricardian Model of Land Rent*, Real Estate Economics, 32, 33–53.

Barlowe, Raleigh (1986), *Land Resource Economics: The Economics of Real Estate*, 4th Edition, Englewood Cliffs, Prentice Hall.

Barrios Salvador, Cécile Denis, Viginta Ivaškaitė-Tamošiūnė, Andriana Reut und Estéfania Vázquez Torres (2019), *Housing Taxation: A New Database for Europe*, JRC Working Papers on Taxation and Structural Reforms No 08/2019, European Commission, Joint Research Centre, Sevilla.

Baumberger, Jörg (2000), *Die volkswirtschaftlichen Auswirkungen bei einem Systemwechsel der Eigenmietwertbesteuerung*, Gutachten zuhanden der Eidg. Kommission Eigenmietwert/Systemwechsel, St. Gallen.

Baumberger, Jörg (2006), *Introduction and Topics in Fundamental Analysis of Real Estate Markets,* FAME Script, Zürich, Swiss Finance Institute.

Baumberger, Jörg (2013), *Mieterschutz schwebt zwischen Buchstaben und ungesicherter Praxis*, in: UBS Real Estate Focus – Immobilienmarkt Schweiz 2013, 17–18.

Baumberger, Jörg und Frank Bodmer (2016), *Der schweizerische Immobilienmarkt – noch florierend dank oder trotz Regulierung und Finanz-Ausnahmezustand?*, Zürich, Supplément Pensimo Reporting 2016.

BfS (2018), *Gebäude- und Wohnungsstatistik (GWS), Januar 2018. Erläuterungen zum Eigentümertyp der Mietwohnungen. Neue Erhebungsgrundlage und Vergleich mit der Volkszählung 2000*, Neuchâtel, Bundesamt für Statistik.

BJ (2009), *Erwerb von Grundstücken durch Personen im Ausland, Stand 12.5.2021*, Bern, Bundesamt für Justiz.

Bleiker, Miriam (2013), *Auswirkung der Einführung der Formularpflicht in der Stadt Zürich auf die Entwicklung der Mietpreise*, Masterthesis, Zürich, Master of Advanced Studies in Real Estate.

Bodmer, Frank (2011), *Wohneigentum und Besteuerung. Eine volkswirtschaftliche Analyse der Vorlagen zur Reform der Wohneigentumsbesteuerung*, Manuskript, St. Gallen.

Bodmer, Frank und Silvio Borner (2015), *Auswirkungen der Mietzinsregulierung*, unveröffentlichtes Gutachten für den HEV Schweiz, Universität Basel.

Bonoli, Giuliano und Fabio Bertozzi (2007), *Kantonale Wohnbeihilfen und Arbeitslosenhilfen. Abgrenzungskriterien für die Sozialhilfestatistik und das Inventar der bedarfsabhängigen Sozialleistungen*, Neuchâtel, Bundesamt für Statistik.

Bourassa, Steven C., Martin Hoesli, Donato Scognamiglio und Sumei Zhang (2011), *Land Leverage and House Prices*, Regional Science and Urban Economics, 41, 134–144.

Bundesrat (2021), *Langfristige Klimastrategie der Schweiz*, Bern.

BWO (2003), *Gemäss WEG direkt geförderte Wohnungen*, Grenchen, Bundesamt für Wohnungswesen.

BWO (2013), *Wohnungspolitischer Dialog Bund, Kantone und Städte*, Zwischenbericht der Arbeitsgruppe vom 3. Dezember 2013, Grenchen, Bundesamt für Wohnungswesen.

Cheshire, Paul C., Max Nathan und Henry G. Overman (2014), *Urban Economics and Urban Policy. Challenging Conventional Policy Wisdom*, Cheltenham, Edward Elgar.

Cieleback, Marcus (2008), *Einführendes Immobilienmarktmodell*, in: Karl-Werner Schulte, *Immobilienökonomie*, Band IV, München, Oldenburg.

Colwell, Peter F. (2002), *Tweaking the DiPasquale-Wheaton Model*, Journal of Housing Economics 11, 24–39.

Corcoran, Patrick J. (1987), *Explaining the Commercial Real Estate Market*, Journal of Portfolio Management 13, 15–21.

Cuennet, Stéphane, Phillipe Favarger und Phillippe Thalmann (2002), *La Politique du Logement*, Lausanne, Presses polytechniques et universitaires romandes.

DiPasquale, Denise und William C. Wheaton, W. C. (1992), *The Markets for Real Estate Assets and Space*, Real Estate Economics 20, 181–197.
DiPasquale, Denise und William C. Wheaton (1996), *Urban Economics and Real Estate Markets*, Prentice Hall, Englewood Cliffs.
Downs, Anthony (1996), *A Reevaluation of Residental Rent Controls*, Washington D.C., Urban Land Institute.
Eisinger, Angelus und Michel Schneider (2005), *Stadtland Schweiz: Untersuchungen und Fallstudien zur räumlichen Struktur und Entwicklung in der Schweiz*, 2. Auflage, Basel, Birkhäuser für Avenir Suisse.
Fischel, William A. (1987), *The Economics of Zoning Laws*, Baltimore, The Johns Hopkins University Press.
Fisher, Jeffrey D. (1992), *Integrating Research on Markets for Space and Capital*, Real Estate Economics 20, 161–80.
Fisher, Jeffrey D., Susan Hudson-Wilson und Charles H. Wurtzebach (1993), *Equilibrium in Commercial Real Estate Markets: Linking Space and Capital Markets*, Journal of Portfolio Management 19, 101–107.
Fourcade, Laetitia (2022), *Mietpreisindex: Methodenbericht. Neues hedonisches Modell der Mietpreise*, Neuenburg, Bundesamt für Statistik.
Frey, Reto, Ivan Anton und Thomas Wider (2020), *PACTA 2020. Kapitel zur Klimaverträglichkeit von Immobilien- und Hypothekenportfolien*, Studie im Auftrag des Bundesamtes für Umwelt, Zürich, Wüest Partner.
Gaillard, Ursula (2011), *Malthusianismus*, Historisches Lexikon der Schweiz (HLS), Version vom 02.03.2011.
Gantenbein, Pascal, Aya Kachi, Mine Melzig und Silvan Keller (2020), *The Rent Premium of Residential Minergie Buildings in Switzerland*, Working Paper, Universität Basel.
Garcia-López, Miquel-Àngel, Jordi Jofre-Monseny, Rodrigo Martínez-Mazza und Mariona Segú (2020), *Do Short-Term Rental Platforms Affect Housing Markets? Evidence from Airbnb in Barcelona*, Journal of Urban Economics 119.
Garreau, Joel (1992), *Edge City: Life on the New Frontier*, New York, Anchor Books.
GFS (2021), *Handlungsbedarf im Mietrecht?*, Bern, Studie im Auftrag des Bundesamtes für Wohnungswesen.
Glaeser, Edward L. (2011), *Triumph of the City: How Our Greatest Invention Makes Us Richer, Smarter, Greener, Healthier, and Happier*, New York, Penguin Books.
Glaeser, Edward L. und Erzo Luttmer (2003), *The Misallocation of Housing under Rent Control*, The American Economic Review, 93(4), 1027–1046.
Gmünder, Markus (2010), *Raumplanung zwischen Regulierung und Markt: Eine ökonomische Analyse anreizorientierter Instrumente in der Raumplanung*, Zürich/Chur, Rüegger.
Göckel, Anita und Patrick Schnorf (2021), Unterschiedliche Entwicklungen bei den Wohnungsmieten, Wüest Partner vom 18.8.2021, www.wuestpartner.com/ch-de/2021/08/18/unterschiedliche-entwicklungen-bei-den-wohnungsmieten/ [abgerufen am 29.12.2022].
Goodman, Allen C. und Masahiro Kawai (1985), *Length-of-Residence Discounts and Rental Housing Demand: Theory and Evidence*, Land Economics, 61, 93–105.
Guth, Hans (1962), *Statistische Betrachtungen zur Entwicklung der Bodenpreise am Beispiel von Basel*, Kyklos 15, 279–294.
Hämmerli, Fredi (2018), *Hypotheken – so unterschiedlich sind die Massstäbe der Banken*, Handelszeitung vom 19.1.2018.
Harvey, Jack und Ernie Jowsey (2004), *Urban Land Economics*, 6th edition, Basingstoke, Palgrave Macmillan.
Hausmann, Urs (2016), *Vertragsfreiheit im Schweizer Mietrecht von 1804 bis 2014 unter besonderer Berücksichtigung des Mietzinses*, Zürich/St. Gallen, Dike Verlag.
Heck, Alexander (2022), *Lagebeurteilung Zweitwohnungsmarkt*, Der Schweizerische Hauseigentümer vom 15.2.2022.
Hess, Ann-Kathrin, Stefan Rieder und Meta Lehmann (2022), *Hemmnisse für energetische Gebäudesanierungen*, Schlussbericht zuhanden des Bundesamtes für Energie, Luzern, Interface.
Hilber, Christian A.L. und Olivier Schöni (2016), *Housing Policies in the United Kingdom, Switzerland, and the United States*, Gentrification 18, 291–332.
Hilber, Christian A.L. und Olivier Schöni (2020), *On the Economic Impacts of Constraining Second Home Investments*, Journal of Urban Economics 118.
Hilbers, Paul, Alexander W. Hoffmaister, Angana Banerji, und Haiyan Shi (2008), *House Price Developments in Europe: A Comparison*, IMF Working Paper 08/211.
Hochschule Luzern – Wirtschaft (2018), *Regionale Ansätze zur Förderung des preisgünstigen Wohnraums*, Grenchen, Bundesamt für Wohnungswesen.
Hott, Christian und Terhi Jokipii (2012), *Housing Bubbles and Interest Rates*, Swiss National Bank Working Paper 2012-7.
Hoyt, Homer (1933), *One Hundred Years of Land Values in Chicago. The Relationship of the Growth of Chicago to the Rise of Its Land Values, 1830–1933*, University of Chicago Press, Chicago.

IWSB (2016), *Analyse von Instrumenten zur Steuerung des Wohnflächenkonsums*, Schlussbericht des Instituts für Wirtschaftsstudien Basel, Grenchen und Basel, Bundesamt für Wohnungswesen sowie die Kantons- und Stadtentwicklung Basel-Stadt.

Jaeger, Franz und Stefan Bühler (1996), *Marktmiete. Schweizer Wohnungsmieten zwischen Politik und Markt*, Chur/Zürich, Verlag Rüegger.

Kälin, Adi (2020), *Was gemeinnützige Wohnungen sind, definieren alle völlig anders*, NZZ vom 16.1.2020.

Kälin, Adi (2021), *Der Kampf um die Erhaltung des Friesenbergquartiers geht in eine neue Runde: Schon wieder ist eine bedeutende Siedlung vom Abbruch bedroht*, NZZ vom 12.3.2021.

Kapp, Jean-Pierre (2018), *Die Preise für Ferienwohnungen bleiben unter Druck*, NZZ vom 6.7.2018.

Kholodilin, Konstantin A. (2022), *Rent Control Effects through the Lens of Empirical Research*, DIW Roundup 139.

King, Marvin, Thomas Heim, Urs-Peter Menti, Beat Salzmann, Peter Schwehr und Gianrico Settembrini (2019), *Wertvermehrende und werterhaltende Investitionen bei umfassenden Sanierungen*, Bericht im Auftrag des Bundesamtes für Energie und des Bundesamtes für Wohnungswesens, Horw, Hochschule Luzern – Technik & Architektur.

Lehmann, Niels (2019), *Die Opportunitätskosten der Wohnbauförderung in Zürich. Berechnung alternativer Fördermodelle für das Bezahlbare Wohnen*, Masterthesis, Zürich, Master of Advanced Studies in Real Estate.

Lendi, Martin (2010), *Geschichte der schweizerischen Raumplanung – ein Aufriss. Raumplanung als öffentliche, zugleich als wissenschaftliche Aufgabe*, Manuskript, Zürich.

Ley, David (2015), *Global China and the Making of Vancouver's Residential Property Market*, European Journal of Housing Policy 17, 1–20.

Linklater, Andro (2013), *Owning the Earth. The Transforming History of Land Ownership*, New York, Bloomsbury.

Lüthi, Stephan M. (2006), *Analyse des Schweizer Immobilienmarktes hinsichtlich des Einsatzes von hochverzinslichen Anlagegefässen*, Masterthesis, Zürich, Center for Urban & Real Estate Management.

Maier, Kurt M. (2004), *Risikomanagement im Immobilien- und Finanzwesen*, 2. Auflage, Frankfurt am Main, Fritz Knapp Verlag.

Marshall, Robert C. und J. Luis Guasch (1986), *Theoretical and Empirical Analysis of the Length of Residency Discount in the Rental Housing Market*, Journal of Urban Economics 22, 291–311.

Martel, Andrea (2021), *Häuserpreise, wollt ihr ewig steigen?*, NZZ vom 27.8.2021.

McCann, Phillip (2013), *Modern Urban and Regional Economics*, 2nd edition, Oxford, Oxford University Press.

Metzler, Beat (2017), *Millionen für die Genossenschaften*, Tages-Anzeiger vom 2.5.2017.

Metzler, Beat (2021), *Wer in den Zürcher Genossenschaften wohnt*, Tages-Anzeiger vom 20.12.2021.

Neidhart, Leonard (2015), *Ausverkauf der Heimat*, in: Historisches Lexikon der Schweiz, Version vom 29.01.2015.

Niehans, Jürg (1966), *Eine vernachlässigte Beziehung zwischen Bodenpreis, Wirtschaftswachstum und Kapitalzins*, Swiss Journal of Economics and Statistics, 102, 195–200.

Oberle, Thomas und Monika Sommer (2011), *Der Mietzins. Mietzins und Nebenkosten*, 5. Auflage, Zürich, Hauseigentümerverband Schweiz.

Obstfeld, Maurice und Kenneth Rogoff (1996), *Foundations of International Macroeconomics*, Cambridge, The MIT Press.

OECD (2009), *OECD Economic Surveys: Switzerland 2009*, Paris, OECD Publishing.

OECD (2013), *OECD Economic Surveys: Switzerland 2013*, Paris, OECD Publishing.

Poterba, James M. (1984), *Tax Subsidies to Owner-Occupied Housing: An Asset-Market Approach*, The Quarterly Journal of Economics, 99, 729–752.

Poterba, James M. und Todd M. Sinai (2008), *Tax Expenditures for Owner-Occupied Housing: Deductions for Property Taxes and Mortgage Interest and the Exclusion of Imputed Rental Income*, American Economic Review, 98(2), 84–89.

Razzino, Flavio (2021), *Ausverkauf der Heimat – trotz Lex Koller: Blick deckt auf. Hier kauften reiche Ausländer so viel Land, wie sie wollten*, Blick vom 10.5.2021.

Regierungsrat des Kantons Basel-Stadt (2022), *Erläuterungen zum Erlass der Verordnung über den Schutz von Wohnraum u.a.*, Basel.

Ritzmann-Blickenstorfer, Heiner (Hrsg.) (1996), *Historische Statistik der Schweiz*, Zürich, Chronos.

Rohrbach, Helen (2012), *Die Entwicklung des schweizerischen Mietrechts von 1911 bis zur Gegenwart*, Grenchen, Bundesamt für Wohnungswesen.

Ryan-Collins, Josh, Toby Lloyd und Laurie Macfarlane (2017), *Rethinking the Economics of Land and Housing*, London, Zed Books.

Saitzew, Manuel (1927), *Die Bekämpfung der Wohnungsnot*, Selbstverlag des Schweiz. Verbandes zur Förderung des gemeinnützigen Wohnungsbaues, Zürich, 1920.

Salvi, Marco (2011), *Une Pénurie fait Maison. Le Malaise immobilier genevois: ses Causes, ses Remèdes*, Genève, Avenir Suisse.

SBV (2019), *Richtlinien betreffend Mindestanforderungen bei Hypothekarfinanzierungen*, revidierte Version, August 2019, Basel, Swiss Banking.
Schäfer, Michael (2019), *Die Immobilienrenditen überstrahlen alles*, NZZ vom 22.3.2019.
Schäfer, Michael (2021), *Boomender Eigenheimmarkt: Kann die Nationalbank mehr als warnen?*, NZZ vom 2.9.2021.
Schöchli, Hansueli (2021), *Eigenmietwert: Die Gegner haben schlechte Karten – doch auch ohne Abschaffung liessen sich Probleme lindern*, NZZ vom 22.9.2021.
Schlicht, Ekkehart (1983), *The Tenants Decreasing Willingness to Pay and the Rent Abatement Phenomenon*, Zeitschrift für die gesamte Staatswissenschaft, 139, 155–159.
Schneider, Lukas M., Peter Schwarz und David Staubli (2019), *Welche Auswirkungen hat die Abschaffung des Eigenmietwerts?,* Die Volkswirtschaft 6/2019.
Schweizerischer Bundesrat, KdK, BPUK, SSV, SGV (2012), *Raumkonzept Schweiz.* Überarbeitete Fassung, Bern.
Schwick, Christian. Jochen Jaeger, René Bertiller und Felix Kienast (2010), *Zersiedelung der Schweiz – unaufhaltsam? Quantitative Analyse 1935 bis 2002 und Folgerungen für die Raumplanung*, Bern, Haupt Verlag.
Scognamiglio, Donato (2000), *Methoden zur Immobilienbewertung im Vergleich. Eine empirische Untersuchung für Schweizer Wohnimmobilien*, Dissertation, Universität Bern.
Scruzzi, Davide (2014), *Unordnung im städtischen Wohnen*, NZZ vom 5.3.2014.
Sieber, Hugo (1967), *Zu einer vernachlässigten Beziehung zwischen Grundrentenwachstum, Kapitalzins und Bodenpreis*, Swiss Journal of Economics and Statistics 103-I, 1–10.
SNB (2022), *Bericht zur Finanzstabilität 2022*, Schweizerische Nationalbank, Zürich.
sotomo (2017), *Gemeinnütziges Wohnen im Fokus. Ein Vergleich zu Miete und Eigentum*, Grenchen, Bundesamt für Wohnungswesen.
Stalder, Peter (2003), *Entkoppelung der Mieten vom Hypozins: Implikationen der Mietrechtsrevision für die Geldpolitik*, Schweizerische Nationalbank Quartalsheft, September 3/2003.
Staub, Peter und Heinz Rütter (2014), *Die volkswirtschaftliche Bedeutung der Immobilienwirtschaft der Schweiz*, Kurzfassung einer Studie für den HEV, Grenchen, Bundesamt für Wohnungswesen.
Steiner, Elisabeth (2010), *Estimating a Stock-Flow Model for the Swiss Housing Market*, Swiss National Bank Working Papers 2010-8.
SVIT (Hrsg.) (2008), *Kommentar zum schweizerischen Mietrecht,* Schweizerischer Verband der Immobilientreuhänder, 3. Auflage, Zürich.
Trübestein, Michael, Markus Gmünder, Pierre Stämpfli und Andreas Binkert (2020), *Die aktuelle Raumplanung in der Schweiz aus Sicht der Immobilienwirtschaft*, RICS Impulse, The Royal Institution of Chartered Surveyors in Switzerland, Mai 2020.
UVEK (2013), *Faktenblatt: Revision des Raumplanungsgesetzes,* Eidgenössisches Departement für Umwelt, Verkehr, Energie und Kommunikation, Bern.
UVEK (2022), *Hemmnisse für energetische Gebäudesanierungen. Schlussbericht,* Eidgenössisches Departement für Umwelt, Verkehr, Energie und Kommunikation, Bern.
UVEK/WBF (2021), *Wirkungsanalyse Zweitwohnungsgesetz Bericht an den Bundesrat,* Eidgenössisches Departement für Umwelt, Verkehr, Energie und Kommunikation und Eidgenössisches Departement für Wirtschaft, Bildung und Forschung, Bern
von Ungern Sternberg, Thomas (1997), *Ökonomische Grundlagen für ein vernünftiges Mietschutzgesetz*, Lausanne, DEEP Working Paper 1997.
Vorburger, Myriam (2022): Kostenmiete – was gilt?, Wohnen 2022/7, www.zeitschrift-wohnen.ch/heft/beitrag/recht/kostenmiete-was-gilt.html [abgerufen am 29.12.2022].
VSE (2022), *Energieversorgung der Schweiz bis 2050. Zusammenfassung von Ergebnissen und Grundlagen*, Verband Schweizerischer Elektrizitätsunternehmen (VSE), Aarau.
Wallace, Allison, David J. Rhodes und Richard Webber (2017), *Overseas Investors in London's New Build Residential Housing Market,* Interim Report, Centre for Housing Policy, University of York.
WBG (2017), *Instrumente zur Förderung des gemeinnützigen Wohnungsbaus*, Zürich, Wohnbaugenossenschaften Schweiz.
WBG (2018), *Der gemeinnützige Wohnungsbau in der Schweiz. Ein Gewinn für die ganze Gesellschaft*, Zürich, Wohnbaugenossenschaften Schweiz.
Werczberger, Elia (1997), *Homeownership and Rent Control in Switzerland,* Housing Studies, 11(3), 337–353.
Wüest Partner (2018), *Siedlungsentwicklung nach innen in den Städten*, Bern, Studie im Auftrag des Schweizerischen Städteverbandes.
Wüest Partner (2022), *Immobilienmarkt Schweiz 2022/4*, Zürich.
Zumstein, Max (1991), *Hypothekarzins-Mietzins-Mechanismus, Preisniveaustabilität und volkswirtschaftliche Kosten*, Mitteilungsblatt für Konjunkturfragen 4/91.
Zurbrügg, Fritz (2021), *Hypothekar- und Immobilienmarkt: Aktuelle Entwicklungen bergen Risiken für die Finanzstabilität*, Referat an der Universität Luzern vom 31.8.2021.

Über den Autor

Dr. Frank Bodmer ist Privatdozent an der Universität Basel. Seine Studien absolvierte er in Basel und an der University of Michigan, Ann Arbor, wo er einen Doktortitel in Volkswirtschaftslehre erwarb. Neben einer langjährigen Tätigkeit als selbstständiger Ökonom war er für die Eidgenössische Finanzverwaltung, die Zürich Versicherung und die Industrie- und Handelskammer St. Gallen-Appenzell tätig. Als volkswirtschaftlicher Berater verfasste er Studien zur Finanz- und Steuerpolitik, zur Wohnungspolitik und zur Regionalpolitik. Daneben hat er sich mit dem Risikomanagement in der Coronakrise, der Wachstumspolitik und vielen weiteren Themen beschäftigt.

Impressum

Autor	PD Dr. Frank Bodmer, St. Gallen/Basel
Herausgeberin	Pensimo Management AG, Zürich
Lektorat/Korrektorat	Susanne Gmür, Luzern
Gestaltung	NORM, Zürich
Schrift	LL Riforma Medium, lineto.com
Papier	Lessebo, 1.3 Rough Natural, 100g/m², FSC Winter, Ecorel Presto, Gelb
Druck	Merkur Druck AG, Langenthal
Bindung	Buchbinderei Grollimund, Reinach
Copyright	© 2023 Frank Bodmer und Park Books AG, Zürich
ISBN	978-3-03860-324-5
Verlag	Park Books Niederdorfstrasse 54 8001 Zürich Schweiz park-books.com

Park Books wird vom Bundesamt für Kultur mit einem Strukturbeitrag für die Jahre 2021–2024 unterstützt.

Hergestellt in der Schweiz
Klimaneutral produziert

Das vorliegende Buchprojekt entstand durch eine finanzielle Unterstützung der Pensimo Management AG. Es handelt sich um eine erweiterte und korrigierte Fassung des Manuskripts «Der schweizerische Wohnungsmarkt: Struktur und Herausforderungen», das 2021 von Frank Bodmer als PDF im Selbstverlag (St. Gallen) publiziert wurde. Als unabhängiges Dienstleistungsunternehmen und Kompetenzzentrum für die Investition und das Management von Immobilien positionieren wir uns als verantwortungsbewussten Akteur im Schweizer Wohnungsmarkt.

Mit der Unterstützung von Forschung und Lehre – zum Beispiel auch in angewandten Bereichen der Architektur – möchten wir einen Beitrag zur qualitativen Weiterentwicklung der gesamten Immobilienbranche leisten, dies im Sinne unserer gesellschaftlichen und unternehmerischen Verantwortung.
→ pensimo.ch

Autor und Herausgeberin bedanken sich bei Dr. Andrea Martel (Küsnacht) und Dr. Marco Salvi (Zürich) für ihre wertvollen Rückmeldungen und Verbesserungsvorschläge im Rahmen eines externen Reviews.